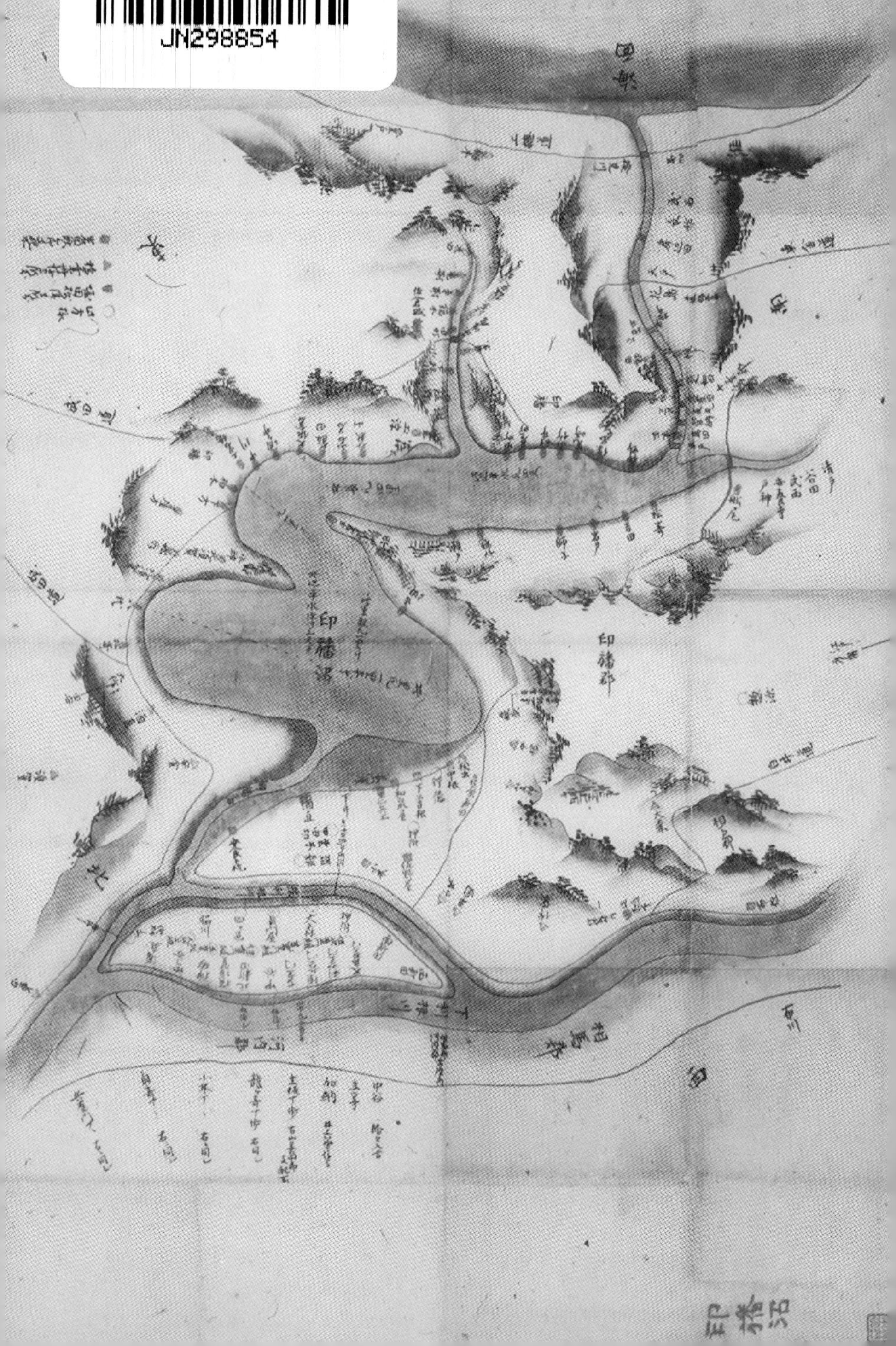
印旛沼
印旛郡
相馬郡

監修者——加藤友康／五味文彦／鈴木淳／高埜利彦

［カバー表写真］
長崎貿易
（『唐蘭館絵巻』）

［カバー裏写真］
田沼意次画像
（鈴木白華写）

［扉写真］
「印旛沼利根川近郊古図」

日本史リブレット人 052

田沼意次

「商業革命」と江戸城政治家

Fukaya Katsumi

深谷克己

目次

田沼時代という呼び方

「田沼時代」という表現は、十八世紀後半の三〇年間ほどを特徴づけるための用語で、高校の日本史教科書には、そのとおりか、「田沼期」「田沼(の)政治」などの表現で載っている。教科書頻出の歴史用語を解説した『日本史用語集』にも、歴史書や辞典にも小見出しや項目に使われ、小説やドラマでも用いられる。つまり「田沼時代」という用語は、江戸《えど》時代史の常識になっている。

「田沼時代」の説明としては、(1)田沼意次《おきつぐ》(・意知《おきとも》親子)が幕政の実権(側用人《そばようにん》・老中《ろうじゅう》・若年寄《わかどしより》)を握る、(2)緊縮財政策をすて商人(商業資本)に株仲間《かぶなかま》を結成させ、営業特権をあたえた商人に運上《うんじょう》・冥加金《みょうがきん》を上納《じょうのう》させる、(3)俵物《たわらもの》輸出・印旛沼《いんばぬま》干拓・蝦夷地《えぞち》開発・銅座《どうざ》設置・米切手《こめきって》改印《あらためいん》など、重商《じゅうしょう》主義的で積極的な殖《しょく》

田沼意次寄進の神輿

産専売《さんせんばい》政策を行う、⑷賄賂《わいろ》政治が横行し非難される、⑸大火・大噴火・飢饉《ききん》で政情不安が高まる、⑹百姓一揆《ひゃくしょういっき》や打ちこわしが激発する、などの諸点があげられる。本格的な辞典類では、「田沼時代」の始期・経過・失脚・終期などを、諸説の違いもあげて詳しく書いている。

十一代将軍徳川家斉《いえなり》の在職期間と引退後をあわせて「大御所《おおごしょ》時代」と呼び、そのうちの文化《ぶんか》・文政《ぶんせい》期(一八〇四〜三〇)のイメージと結びつけて幕政の弛緩あるいは頽廃を象徴させることがある。「田沼時代」という呼称も、これに似ている。個人名と結びつけられた呼称は、おおむね負のイメージが強い。現在では、田沼意次の積極財政主義、社会の文運隆盛を前面に押し出す好意的な記述がふえ、金権収賄だけで田沼意次を悪者扱いすることは、ほとんど払拭されている。しかし、それは田沼意次のある面、田沼期の公儀《こうぎ》(幕府《ばくふ》)政策のある面、文化のある面に対する見方が変わっただけで、飢饉や噴火、一揆や打ちこわしの多発、若年寄が江戸城《じょう》内で襲われて死ぬというような史実が消えることはない。「役人の子はにぎにぎをよく覚え」という、収賄の盛行を代表する風刺川柳《せんりゅう》は、「田沼時代」によまれたものである。「田沼時代」という呼び方は金権政治、さらに打ち続く災異《さいい》のイメージと切り離れない。

この小著は、紙幅の制約もあるので、田沼意次の一生を編年的に追ったり、時代背景や政策の具体相を詳しく追うことはしない。そのような方法をとれば、先行の論著の要約版になるだけで、かえって読後に不満が残るであろう。

田沼意次に対しては、生前から世間の耳目が集まり、実録、風評・伝聞の誇張・偏向の記録がつくられた。つまり、かたよりということはあるが、存命のときから田沼意次研究が始まったといってもよい。強欲《ごうよく》な金権政治家と非難する者が大半だったという点では不運だが、知られずに歴史の帷《とばり》の彼方に消えていったのが大多数の者だったことを思えば、その生が注目される強運にめぐまれたともいえる。しかも、江戸期にすでに正のイメージで論じる評者もあらわれた。明治期に田沼意次に対する見方がかえって険しいものになったのは、明治維新《いしん》以来強まった江戸時代否定感情の反映であったろう。なぜなら江戸政治の暗黒性が克服される時代であってこそ明治(維新)の意義があったからである。

大正になると、田沼政治に金権と災異のイメージがついてまわったとしても、その時期の活力が着目されるようになった。大きくみれば、江戸時代が肯定感情で受けとめられるようになってきたという歴史意識の旋回の反映であった。辻善之助『田沼時代』は、一九一五(大正四)年にだされたが、江戸時代のなかの十八世紀後半、田沼時代に文運隆盛の状況があったことを論じたものであった。そのころ、田沼期に限らず、江戸時代への見直しが進んだ。それ以降は、田沼意次の金権印象は優勢のままだったが、「田沼時代」の評価としては一つの見方のみが押しとおるということはなくなった。

しかし第二次世界大戦後は、反封建《ほうけん》民主化の課題意識が新しい「勧善懲悪《かんぜんちょうあく》」傾向となり、江戸時代に対する否定感情が高まった。近世の封建的支配への批判が家康《いえやす》にも吉宗《よしむね》にも向けられ、収賄風評の田沼意次は権力者のあくどさを証明するかっこうの事例になった。意次像が大きく動いたのは、一九七〇年代以降である。大石慎三郎・山田忠雄・深井雅海氏らによって、時代背景や田沼政治の大筋、細部の検証が大きく進み、近年、それらの成果を、幕政史研究の先端をいく藤田覚氏が『田沼意次』に取り込んで濃密な田沼時代史にまとめあげた。

それでも田沼意次の人間像ということになると、先行研究は意次本人が書き残したものが少ないことをあげて、類推的な人柄記述にとどめている。この小著は、あえてそのむずかしさを引き受けるところに出番を求めたい。すなわち、当人が最晩年にみずからの感懐を書き残し、また言い残したわずか三点の史料、⑴「上奏文《じょうそうぶん》」、⑵「遺訓《いくん》」、⑶「意次公御直《おんじき》被仰《おおせ》含《ふくめられ》候《そうろう》趣《おもむき》」にしぼり、これを中心に光をあて、田沼意次の個人史的議論を一歩進めてみたい。三つの史料は『相良《さがら》町史　資料編　近世⑴』（静岡県牧之原《まきのはら》市）に収録されている。意次についての認識を深めるうえでは、誰もが検討できる史料を使い、異論がだしやすいようにして論点を提示することが大事だと考える。

もう一つは、時代背景論として、重商主義的と評価されている田沼時代の多様な経済政策を、当時の民間社会の「経済成長」と「社会危機」の両面に目配りしながら、「商業革命の時代」という枠組みで説明することである。この表現は小論の独自のものであるが、奇をてらう議論ではない。十八世紀後半の歴史についての多くの研究成果は、むしろこの認識に進むことを求めており、かえって先行研究の提起の意義を高める途でもある。

松平定信自画像

▼松平定信　一七五九～一八二九年。寛政の改革を主導した老中。御三卿田安家に生まれて白河藩主となり、天明の飢饉を乗りきって評判を高めた。田沼派の失脚後、老中首座《しゅざ》に就き、幕政の全般的な立直しを進めた。

①―田沼意次の降魔祈禱

「人格的範疇」について

田沼意次が外国貿易（ロシア）をも視野にいれて重商《じゅうしょう》主義的政策を主導した幕閣要人《ばっかくようじん》だったと知れば、その人柄は進取的で合理的な人物であろうと想像してしまう。当時も、意次が周囲にあたえる印象は「発明《はつめい》」（利発）というものであった（藤田二〇〇七）。田沼政治に敵対しながら登場した松平定信《まつだいらさだのぶ》▲も、和漢《わかん》に通じた学者で多くの著作を残しており、寛政《かんせい》の改革《かいかく》を主導して海防《かいぼう》策を講じた老《ろう》中《じゅう》だと知れば、理知的・道徳的な人柄が思い浮かぶ。つまり、田沼意次や松平定信は、人並み以上の合理的な精神をもち、「怪力乱神《かいりょくらんしん》」を語り、超常的な力に自身の前途を頼ったりする人間ではないと思ってしまう。

歴史のなかの人間に対するとき、われわれは自分の経験や学習から身についた価値観をもとにして人物を思い描く。田沼意次と松平定信であれば、その行為や実績をもとに相違点を強調したり、好悪の感情をいだいたりする。歴史のなかの人間に励まされたり癒されたりするのは、誰しもが体験することだから、自然にわく好き嫌いの感情をとがめることはできないが、そのとき人は歴史上の人物のある面を大写しにし、他の面は知らないか不問にして、感懐をいだくのである。われわれは歴史上の人物に対し、現代の人間に対するように想い入れを投影するが、その一方で「縄文人《じょうもんじん》」はとか「古代人」はとか、数えきれないほど多くいた人びとを、時代ごとに一くくりにして特徴づける。そのときわれわれは、自分たちを「現代人」と一くくりにして違和感をいだかない。一人ずつ個性があることは知っているが、他の時代人と比べれば近似性が大きいとみるからである。

「古代人」「現代人」というように呼ぶとすれば、江戸《えど》時代の人間はどう呼べばいいのか。書き手の好みで江戸人とか江戸時代人とか呼ばれているが、私は、「近世人」という呼び方を使っている（深谷二〇〇三）。「近世人」では支配者も被支配者も同じになり、階級関係が無視されてしまわないか。男性も女性も同じになり、ジェンダー（性差《せいさ》）の視点が消えないか。江戸の住民も南部の漁民も同じになり、都市と農山漁村、中央と地方の差、あるいは地域社会がみえなくなるのではないか。このような懸念が湧いてくるかもしれない。このように区別して認識しようとするのは、人間の「人格」が、大きく分けられた歴史の時間のなかでどのような特徴をもつかを知りたいからである。個人や人間集団を区別する物差しは数多くある。しかし、すべての物差しを同時にあてることは不可能である。したがって歴史観や立場によって、もっとも重要と考える区別の物差しを筆頭において対象をとらえる。経済的な「階級」の差異を軸に個人や集団を区別するのは、歴史学ではもっとも強い説得力をもち、学問的成果を蓄積してきた方法である。「性差(ジェンダー)」をもっとも重視されるべき区別の物差しとする立場も、近年では説得力を増し、これに基づく成果も多い。

「近世人」として人間の特徴を認識しようとするのは、大名《だいみょう》でも百姓《ひゃくしょう》でも、男でも女でも、家持ち町人《ちょうにん》でも裏長屋《うらながや》の職人でも、二十一世紀の「現代人」と対比すれば、似ているところが大きいとみる立場である。身分や貧富、性差や地域差は、その次にあてる物差しとみる観点である。「階級的範疇《はんちゅう》」あるいは「ジェンダー的範疇」に対して、これを私は「人格的範疇」と表現している(深谷二〇〇三)。これは「個人史」の方法論であって、家族や社会や国家を議論する際には「階級」や「性差」などの物差しを活用することが欠かせない。ここでの「人格」は、品性や徳性ではない。またどんな物差しであろうと証拠立てる資・史料が必要である。田沼意次がみずから残した記録は僅少だが、わずかの資料でも、その「人格」を認識しようとすれば、読みとれるものがふえるであろう。

田沼意次の評し方をゆさぶったのは、大正年間（一九一二〜二六）の辻善之助『田沼時代』であった。その辻の著書を史料検討が不正確と批判して、大胆にみなおしたのが、大石慎三郎『田沼意次の時代』（一九九一）である。大石氏は、「彼はすぐれた財務家であるが、誠実一筋の人間であるうえに常々目立たぬよう目立たぬよう心掛けていた、大変な気くばり人間であった」と書いている。この見方は、『相良《さがら》町史』（通史編上巻）にも引き継がれている。

藤田覚『田沼意次』は、最新の意次研究であり、政治史研究を土台に、可能なかぎり田沼時代の細部にまで目を凝らした人物研究である。十八世紀幕政史と呼んでもよい。しかし藤田氏は、最後に「人を見る眼のない筆者には、意次という人物の全体像を描くことはとても無理であった、というのが率直な感想である」と告白している。実際には、同書は第四章「田沼意次の素顔」で、可能なかぎりの材料を駆使して、意次の人となりを丁寧に書き込んでいる。

大石氏も藤田氏も記録史料の少なさを、意次論の障害にあげている。たしかに個人史は史料がなければ不可能である。「縄文人」論は書けても、その時代の個人史を書くことはできない。ただ大石氏の田沼意次論には、どの時代であろうと、対象に距離をおかず、いきなり歴史上の人物と向きあう小説家や脚本家の描き方との違いがみえない。藤田氏の田沼意次研究は、十八世紀幕政史としては大きな成果だが、個人史としては、わずかな史料であれ、それをいかしきれていない。

天明七年五月十五日の降魔願文

一七八六(天明《てんめい》六)年八月二十七日、将軍家治《いえはる》▲死去から二日後に、責任をとらされる空気のなかで、老中《ろうじゅう》▲を六八歳で辞するまでの田沼意次は、ひたすら上昇の人生を歩んだ。もちろん日々の労苦は山ほどあったろうが、蹴落とされることはなかった。また他人を蹴落として役職をえるという不快な経験もなかった。前年の一七八五(天明五)年一月には、六七歳にしてなお一万石《ごく》加増され、合計五万七〇〇〇石の中級譜代《ふだい》大名になった。意次は、この年齢になっても側《そば》

▼**徳川家治**　一七三七〜八六年。第十代将軍。二六年間在位したが、幕政に期待された能力を発揮することができず、趣味の世界に生きた。世子家基《いえもと》に先立たれ、その死も田沼派と反田沼派の政争に利用された。

▼**老中**　朝廷・寺社・大名の統制、幕府役人の支配、幕府財政の処理、対外交渉などを取り扱った。二万五〇〇〇石以上の譜代大名から四〜五人が任命され、月番《つきばん》で政務を担当した。家光《いえみつ》時代に老中の呼称が一般化した。

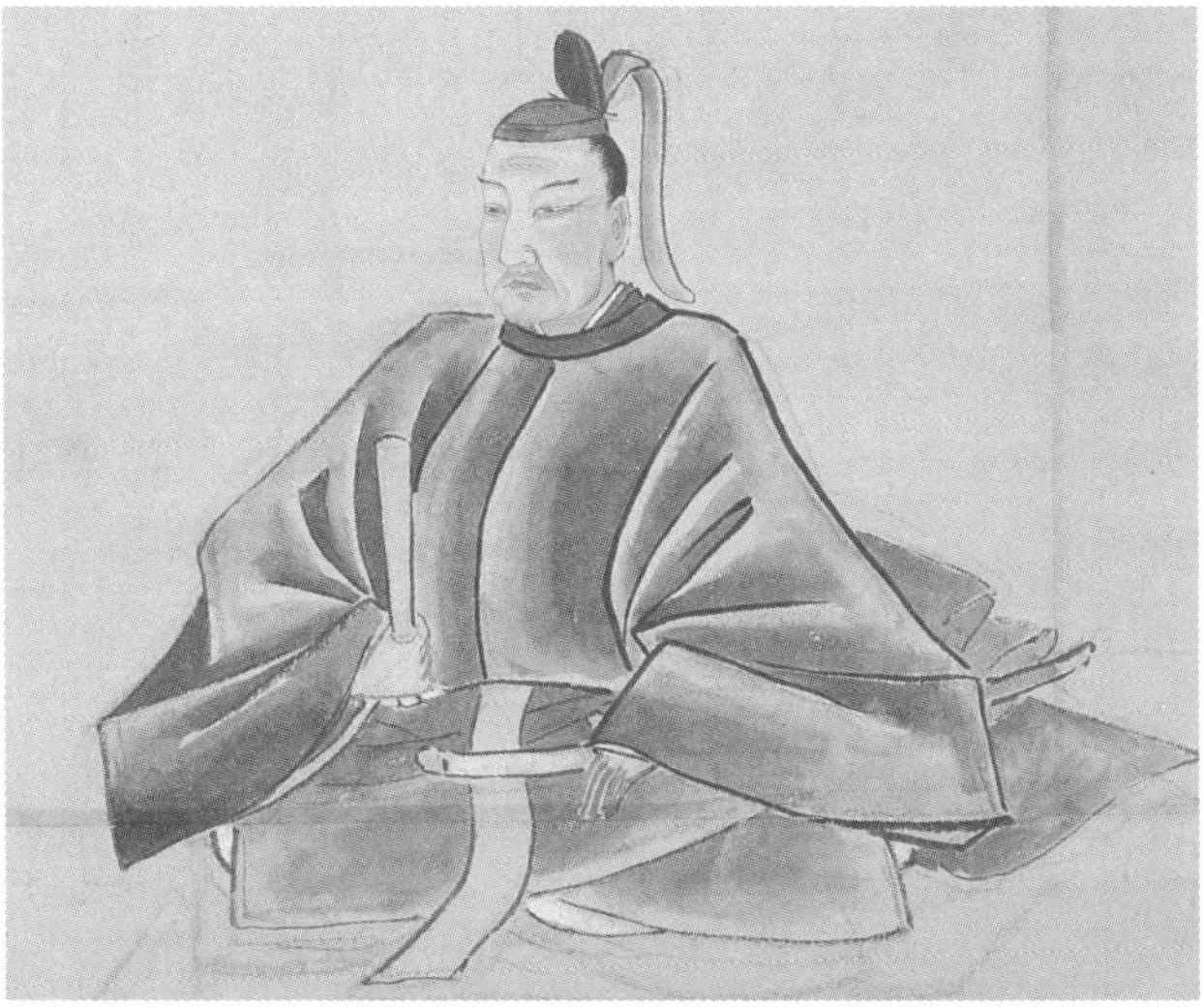

徳川家治像

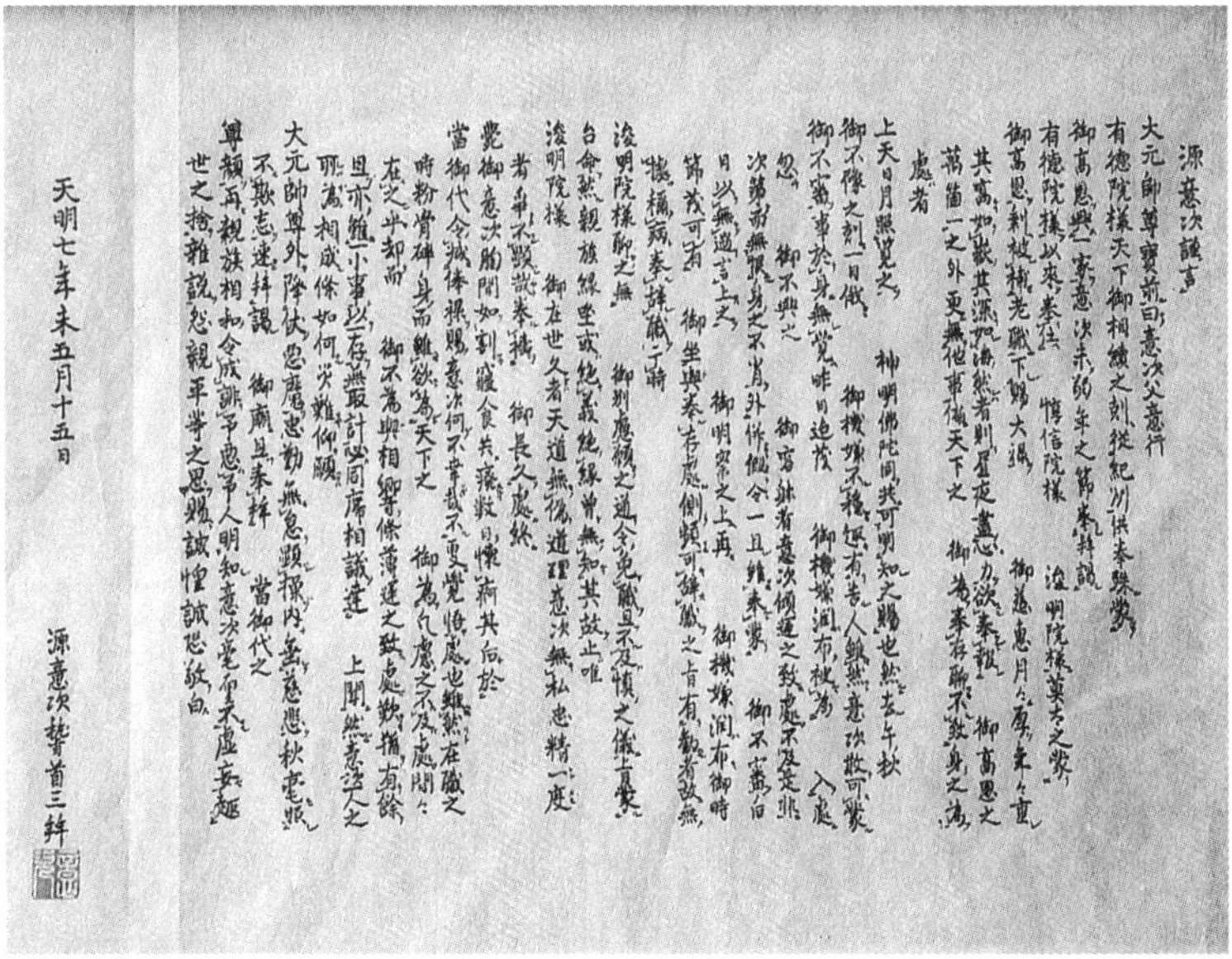

源意次謹言
大元帥尊寳前曰意次父意行
有徳院様天下御相續之刻従紀州供奉懇蒙
御高恩興一家意次未弱年之節奉拝謁 惇信院様 浚明院様莫大之蒙
有徳院様以來奉仕 御慈恵月々厚年々重
御高恩剰被補老職下賜大禄 御高恩之
其高如嶽其深如海然者則昼夜盡忠力欲奉報
萬箇一之外更無他事補天下之 御為奉存聊不致身之為
處者
上天日月照覧之 神明佛陀同共可明知之賜也然去午秋
御不豫之刻一日徴 御機嫌不穏抵有吉人雖然意次散可蒙 入處
御不審事於身無覚昨日迫茂 御機嫌潤布被為
忽 御不興之 御害跡者意次傾覆之致處不及是非
次第於無恨身之不肖外作偽令一旦難奉蒙 御不審台
日以無巡言上之 御明察之上再 御機嫌潤布御時
節茂可有 御坐與奉存處側頻可申讒之旨有勧者故無
據擬窺奉申讒一了時
浚明院様御之無 御別應頼之道今免職且不及慎之儀上蒙
台命然親族縁坐或絶義絶縁背無知其故止唯
浚明院様 御在世久者天道無偽道理意次無私忠精一度
者無不験誰奉捨 御長久處終
覺御意次胎開如割寝食失療救日懐術共向於
當御代令職体様賜意次何不幸哉不更覺悟處也雖然在職之
時粉骨砕身而雖欲為天下之 御為凡慮之不及處間々
在之乎却而 御不為與相響條薄遂之致處歎痛有餘
且亦雖一小事以存無取討以同席相議達 上聞然意次一人之
所為相成條如何災難仰願
大元帥尊外降伏怨魔忠勤無怠顕揉内蓋慈悲秋毫照
不欺志速拝謁 御廟且奉拝 當御代之
尊顔再親族相和令成跡予恵予人明知意次毫而不虚妄趣
世之捨雑説怨親平等之恩賜誠惶誠恐敬白
天明七年未五月十五日
源意次稽首三拝

田沼意次の降魔願文

用人《ようにん》兼務の老中職を現役でつとめていた。一六歳で世子《せいし》家重《いえしげ》▲(九代将軍)付きの西丸《にしのまる》小姓《こしょう》になって蔵米《くらまい》三〇〇俵を拝領《はいりょう》して以来、半世紀以上も江戸城のなかで働き続けている。隠居しなくても、嫡子の意知《おきとも》▲は奏者番《そうしゃばん》に昇進し、さらに若《わか》年寄《どしより》に進み、一七八四(天明四)年に江戸城中で斬られ、それが死因になった。

この事件があっても、意次の上昇はとまらなかった。意知死去から三カ月もたたないうちに孫の意明《おきあき》▲(意知の子)を跡継ぎに決め、年が明けると一万石加増された。

こんな意次が、一七八七(天明七)年、六九歳ではじめて味わう失脚と四面楚歌の苦境から脱しようと神仏にすがった。五月十五日、宇宙の根元をつかさどる、火炎《かえん》を背負う忿怒《ふんぬ》相《そう》の本尊「大元帥尊《だいげんそん》」(大元帥明王《みょうおう》)の宝前《ほうぜん》(正面)に、「悪魔」の「降伏《ごうぶく》」(調伏《ちょうぶく》)を祈禱《きとう》する願文《がんもん》をささげた。願文は「隆光院《りゅうこういん》様御直書《おんじきしょ》」と付記され、意次(法号は耆山《きざん》良英《りょうえい》隆光院)の自筆であることが明らかである。

この願文は、「上奏文《じょうそうぶん》」という題で紹介されている(『相良町史　資料編　近世(1)』)。ただ「上奏」は、天子《てんし》・天皇への言上《ごんじょう》に使われ、広く用いても将軍への言上である。意次のこの自筆文書は人ではなく、神仏に対するもので、怨敵《おんてき》・逆《ぎゃく》

▼**徳川家重**　一七一一〜六一年。第九代将軍。在位一六年。病弱で老中松平武元《たけもと》らに政治をまかせきりであった。言語に障害があり、側用人の大岡忠光《おおおかただみつ》のみが家重の言葉を理解できたといわれる。

▼**田沼意知**　一七四九〜八四年。若年寄。意次の嫡子で親子同時に入閣。奏者番から若年寄に昇進したが、退出時に、城内で新番士《しんばんし》佐《さ》野政言《のまさこと》に斬られ、それがもとで落命した。

▼**田沼意明**　一七七三〜九六年。祖父の意次が隠居させられ、家督《かとく》を継いだ。一万石に減封《げんぽう》のうえ移《い》封《ほう》となり、下村《しもむら》藩の初代藩主となった。江戸定府《じょうふ》とされ、領地をみることなく死んだ。

臣《しん》を除き国家安泰《あんたい》を祈る、真言密教《しんごんみっきょう》の「降魔《ごうま》」の願文を奏したのである。この呪《じゅ》法《ほう》を行うことを「大元帥法《だいげんのほう》」といい、古代に中国から受け入れて以来、朝廷内でのみ毎年営まれる「敵国調伏」の呪法となった。しかし、十八世紀末期に田沼意次が自分一個の利害でこの修法《ずほう》を行っているところをみると、江戸時代には秘法性は弱まってきていたものか。以下に願文を、読みくだして全文紹介する。

源意次謹言

大元帥尊ノ宝前ニ、曰《まお》サク。意次父意行《おきゆき》、有徳院《ゆうとくいん》様（吉宗《よしむね》）天下御相続之刻《とき》ニ、紀州ヨリ供奉《ぐぶ》、殊ニ御高恩《こうおん》ヲ蒙《こうむ》ツテ、一家ヲ興《おこ》ス。意次、未タ弱年之節、有徳院様ニ拝謁シ奉リシ以来、惇信院《じゅんしんいん》様（家重）浚明院《しゅんめいいん》様（家治）ニ仕ヘ奉リ、莫大之御高恩ヲ蒙リ、剰《あまつさ》ヘ老職（老中）ニ補セラレ、大禄ヲ下シ賜リ、御慈恵月々ニ厚ク、年々重シ。其《その》高キコト嶽《やま》ノ如ク、其深キコト海ノ如シ。然レバ則チ、昼夜心力《しんりょく》ヲ尽シテ、御高恩之万箇之一報ジ奉ラント欲スルノ外、更ニ他事無ク、偏ニ天下之御為ヲ存ジ奉リ、聊《いささ》カモ身ノ之為ヲ致サザル処ハ、上天《じょうてん》日月之ヲ照覧シ、神明仏陀同ク共ニ、之ヲ明知シ賜フベキ也。然ルニ、去ル午《うま》（天明六）ノ秋、御《ご》不予《ふよ》（家治病臥）之刻ニ、一日俄カニ御機嫌穏カナラザル趣キ、告ル人有リ。然リトイヘドモ、意次敢テ御不審《ごふしん》ヲ蒙ルベキ事、身ニオイテ覚ヘ無シ。昨日迄モ、御機嫌潤《うる》ハシク入ラセラルル処ニ、忽チ御不興《ごふきょう》之御容躰ハ、意次傾運《けいうん》之致ス処、是非ニ及バザル次第ニテ、身ノ不肖ヲ恨ムル外無シ。併《しかし》ナカラ、仮令《たとい》一旦ニ御不審ヲ蒙リ奉ルトイヘドモ、后日《ごじつ》過《あやま》リ無キヲ以テ、之ヲ言上セハ、御明察之上、再ヒ御機嫌潤ハシキ御時節モ御坐有ルベシト存ジ奉ル処ニ、側《かた》ハラ、頻《しき》リニ職ヲ辞スベキ之旨、勧ムル者有リ。故ニ拠《よんどこ》ロ無ク病ト称シテ、職ヲ辞シ奉ル、時ニ浚明院様聊《いささ》カ之御別慮《ごべつりょ》無ク、願イノ之通リ職ヲ免ゼシメ、且ツ慎ノ之儀ニ及バザル台命《たいめい》（家治指示）ヲ蒙ル。然ルニ親族、縁坐或ハ義ヲ絶チ、縁ヲ絶フ、曽テ其故ヲ知ルコト無クシテ止ム。唯《ただ》浚明院様御在世久シクバ、天道偽リ無キノ道理。意次私無キ忠精。一度《ひとたび》ハ争《いか》テカ顕ハレザラン哉《や》ト、御長久ヲ禱リ奉ル処ニ、終ニ薨御《こうぎょ》。意次、胸間《きょうかん》割《さ》クカ如ク、寝食共ニ廃スルコト数日、痾《あ》ヲ懐ク。其后《の》チ、当御代ニオイテ俸禄《ほうろく》ヲ減ゼシメ賜フ。意次何ンノ不幸ソ哉。更ニ覚悟セザル処也。然リトイヘドモ、在職之時粉骨砕身、而シテ天下之御為ヲ為《なさ》ント欲ストイヘドモ、凡慮《ぼんりょ》ノ及バザル処、間々《まま》コレアルカ。却テ御不為《おふため》ト相響ク条、薄運《はくうん》之致ス処ニ歎キテモ猶《なお》余リアリ。且ツ亦、一小事トイヘドモ、一存ヲモツテ取計フナク、必ス同席相議シテ上聞《じょうぶん》ニ達ス。然ルニ意次一人之所為《しょい》ニ相成ル条、如何ナル災難。仰ギ願ハクバ、大元帥尊、外ガ悪魔ヲ降伏シテ、忠勤怠リナキ操《みさお》ヲ顕ハシ、内《う》チ慈悲ヲ垂レテ、秋毫《しゅうごう》モ欺サザル志ヲ照シ、速ニ御廟《ごびょう》ニ拝謁シ、且ツ当御代之尊願ヲ拝シ奉リ、再ヒ親族相和シテ、予ヲ誹《そし》リ予ヲ悪《にく》ム人ヲ明知ナラシメ、意次、毫厘虚妄《ごうりんきょもう》セザル趣、世之雑説ヲ捨テ、怨親《おんしん》、平等之思イヲ賜ヘト。誠惶誠恐《せいこうせいきょう》。
　敬《うやまい》テ曰《まお》ス。

天明七年未五月十五日　　源意次稽首《けいしゅ》三拝[印]

「近世人」と超越観念

田沼意次は、身の「傾運」「薄運」をなげきつつ、「大元帥尊」の法力によって「悪魔」を追い払おうとした。この月、意次は神田《かんだ》橋上《かみ》屋敷を追われて、木挽《こびき》町

徳川家斉像

の中《なか》屋敷にいた。外出は当然差しひかえる。屋敷や人の動きを見張る目も当然配されている。前年の八月に病気理由の老中辞職を強いられ、閏《うるう》十月には所領二万石と江戸上屋敷・大坂蔵《くら》屋敷を没収され、謹慎を命じられた。年末にいったん謹慎令をゆるめられて一七八七(天明七)年元旦、家斉《いえなり》に拝賀したが、このときは将軍就職が確実になっていても、宣下《せんげ》の儀《ぎ》は四月である。新将軍の家斉へのお目見えはできなかった。田沼意次が、所領二万七〇〇〇石と相良城を没収され、隠居・謹慎を命じられたのはこの年の十月二日のことである。

そのあいだにあたる五月ごろは、針の莚《むしろ》に座らされた毎日であり、参詣で外出できる状態にはない。誰かに代参《だいさん》させることもありえるが、必死の願いを自筆願文で神仏に届けようとしているのである。したがって、意次はおそらく自邸に祈禱僧を招いて、この呪法を修したものと推察される。

願文に記された経緯は、他の自筆文書や、周辺記録から知られている事情と一致し、きわめて率直に自分の認識と感情を吐露していることがわかる。ただし私は、この修法自体が、田沼意次の「近世人」的特徴をあらわしていると考えるので、今は意次の没落の経緯はみすごすことにする。この願文は、独特のカナ送りや返り点を付した漢文体で、そのままでは読みにくいが、普通の和漢混《こん》淆文《こうぶん》になるように前後を適宜入れ替え、本書のようにすると、わかりやすくなる。田沼家の来歴を飛ばして、願意の趣旨に限ると、次のようになる。

源《みなもとの》（田沼）意次、大元帥尊に対し願いたてまつる。外へは、「悪魔」を「降伏」して、おこたりなく忠勤を励んできたわが操《みさお》を明証していただきたい。内へは、大元帥尊の慈悲として、わが偽りなき志を証して、家治公の御廟に拝謁できるよう、また「当御代」（第十一代将軍）家斉公の尊顔を拝することができるよう、はからっていただきたい。また絶縁離縁になった諸家も含め、親族すべてが和合でき、自分を誇《そし》り悪んでいる者らが意次になんら偽りないことをよく知って、世間のあらぬ風評に惑わされぬよう、怨み親しみ公平の恩顧を垂れたまえ。

「大元帥尊」は、不動明王《ふどうみょうおう》に匹敵する威力をもつ明王とされるが、五大明王（不動・降三世《ごうざんぜ》・軍荼利《ぐんだり》・大威徳《だいいとく》・金剛夜叉《こんごうやしゃ》）や八大明王（降三世・大威徳・大笑・大《たい》輪《りん》・馬頭《ばとう》・無能勝《むのうしょう》・不動・歩擲《ぶちゃく》。他の組合せもある）にはいっていない。「悪魔」とは、誰であろうか。個人名をあげないようにしたと考えるよりも、意次が近世人の思考方法を身につけており、政敵も含め、将軍から縁戚者にいたるまで、自分から離反し悪念・悪口をもって対する者には「悪魔」が取り憑いているのであり、その悪魔を「降伏」し、追い払うことを祈願したものと理解したほうがいい。それでも該当する者にとっては、なんらかの身体的・精神的呵責《かしゃく》を期するものである点、報復の祈りであることは変わらない。

降魔を宝前に依頼した願文で、意次は、「大元帥尊」と冒頭・末尾で二度書いている。これは「大元尊神」あるいは「大元帥明王」であろうが、おそらく混同されていて、どちらでもよかったのであろう。悪魔を追い払って回復したい状況は、家治を継いで将軍になった家斉に拝謁《はいえつ》し、田沼一族の親和を回復し、自分の潔白を誹謗している者たちに悪意をすてさせてほしいというものである。意次は、老中を辞し側用人の地位を奪われたとしても、将軍に拝謁できる立場を回復することを切望した。こうした人生最大の苦難に直面した意次がすがった手立ては、密教の超越観念の超常的な威力を頼むことであった。この祈禱が気晴らし的なものでなかったことは、率直な事情の記述や心意・弁解の吐露からもうかがわれる。このことに、田沼意次の「近世人」らしさがあらわれている。

意次が、迷信深い非科学的な人間だったというのではない。前近代の人間を近代・現代の学問は、合理の物差しを立てて分析的にはかり、先進後進の程度におきかえるが、そうした高低をはかることに意味はない。大事なのは、それぞれの時代に対応して構造化されている精神の形質を知ることである。

田沼意次もまた、「発明」な才覚や昇竜のような地位とは関係なく、「近世人」が依存した超常的な力を尊重する人間であった。こうした思考や行動の特長は、身分が高いか低いか、男か女か、老人か子どもかで変わるものではない。個人差による多少はあるが、善行に向かうにしても、悪事に向かうにしても、ある種の超常的な威力を頼んで祈禱を行ったり呪文を唱えたりするのである。

そうした性向は、「縄文人」「古代人」「中世人」でも同じではないかという疑問が生じるかもしれない。同じどころか、「近世人」よりももっとその傾向は強い。自然物のそれぞれが随伴すると感じる超常性への拝跪《はいき》感情、すなわちアニミズムの自然観は、さかのぼるほど強くなるとみてよい。近世では、超常的な力、つまり神威《しんい》に対して法制化の進行、すなわち法威《ほうい》の比重が高まっている。個人・集団に許容される慣習的な「実力行使」の範囲が狭まり、国家の支配力が強くなってくるが、その公法性の高まりが、生活の安定と平和を保障することにもつながった。また「近世化」の進行のなかで、商業の網の目が社会の深部に毛細血管のように入り込み、人びとの客観化・概念化の力も増強される。自然・人間の観察が深まる。「現代人」はそこに「科学」の前進を認める。

しかし、それは事の半面である。観察的・分析的心性が増量する分だけ、呪《じゅ》術《じゅつ》的心性が弱まるということはない。江戸時代には、医師・薬・養生《ようじょう》書《しょ》の活用が常態化しながら、傷病に罹《かか》ると祈禱に頼ることも減退することがない。祈禱の技術も進化する。幕末期の民衆創唱宗教は、近世の人びとがそういう両面性をあらわすことを物語る。「近世人」は、「中世人」と土台を共有する祈禱の心性をもって日々を送る。記録・文学・演劇に、「怪異」「怪奇」の場面が頻出する。田沼意次も、そういう空気を呼吸していた人間である。

老中首座松平定信の犠牲心願

田沼意次が「降魔」の祈禱を行ったと思われる日から五日後の、一七八七（天明七）年五月二十日、赤坂《あかさか》一帯の米屋襲撃から「天明の江戸打ちこわし」が始ま

打ちこわしのようす（「幕末江戸市中騒動図」）

った。この二つは、偶然の前後関係にすぎないが、この打ちこわしは、田沼意次の切望を打ちくだくことになった。数日間におよぶ江戸全域での打ちこわしは、江戸城政治のうえでなお余勢を保っていた田沼派の面々が、将軍膝元での失政を突かれて駆逐されるきっかけになった。

そして六月、松平定信が老中に就任し、首座となった。これは定信の能力や飢饉《ききん》を乗りきった白河《しらかわ》藩主の経歴という立場からきたものではなく、御三卿《ごさんきょう》田安《たやす》家に生まれた吉宗の孫という出自の別格性によるものであったろう。こうして、「寛政の改革」が始まるなかで、田沼意次の立場はさらに悪くなり、十月二日、残りの所領《しょりょう》没収、隠居、下《しも》屋敷蟄居《ちっきょ》処分、相良城没収と追いつめられる。このときまで意次は、田沼家当主であった。隠居も将軍家斉の意向の形で処罰として命じられた。しかし、公儀《こうぎ》は田沼家を改易《かいえき》せず、家重・家治二代の将軍恩顧を配慮し、孫意明に越後《えちご》・陸奥《むつ》で一万石をあたえた。大名田沼家の存続は許されたが、この措置については意明「新知《しんち》」とする見方もあるほど、徹底した没収ぶりであった（山田二〇〇三）。意次は、翌年七月、七〇歳で没した。

意次の降魔祈禱と死没の中間にあたる一七八八（天明八）年正月二日、田沼家の処罰を主導してきた老中松平定信もまた、背負った幕政を成功させるために、超常的な威力を頼んだ。一七五八(宝暦《ほうりゃく》八)年、江戸田安邸に生まれた定信は、まだ三〇歳の青年宰相《さいしょう》である。血統だけでなく、飢饉の白河藩政を乗りきってきたという自負と気負いがある。自己過信になるのが普通だが、それは人間同士のことで、自然観・世界観も含めれば、定信も十分に「近世人」であった。

定信が頼んだのは霊岸島吉祥院《れいがんじまきっしょういん》の歓喜天《かんぎてん》である。これは霊岸寺が定信の菩提寺であった縁によるものと思われるが、定信は後生の安楽ではなく、自分および自分の家族を犠牲に差しだして、世の安定を願うすさまじい祈禱を行った。「吉祥院歓喜天願文」の全文は、渋沢栄一《しぶさわえいいち》『楽翁公伝《らくおうこうでん》』に収録されている。読みくだしで全文を紹介する。

天明八年正月二日、松平越中守《えっちゅうのかみ》義《ぎ》、一命ヲ懸ケ奉リ心願《しんがん》仕《つかまつ》リ候。当年米穀融通宜《ゆうずうよろ》シク、格別之高直《こうじき》コレナク、下々《しもじも》難義仕《つかまつ》ラズ、安堵《あんど》静謐《せいひつ》仕リ、幷《ならび》ニ金穀御融通宜シク、御威信・御仁恵下々へ行届き候様ニ、越中守一命ハ勿論《もちろん》之事、妻子之一命ニモ懸ケ奉リ候テ、必死ニ心願タテマツリ候事。

右条々相調《あいととの》ハズ、下々困窮、御威信・御仁徳行届カズ、人々解体《かいたい》仕リ候義ニ御座候ハヽ、只今之内ニ私死去《しきょ》仕リ候様ニ願イ奉リ候。生ナガラヘ候テモ、中興《ちゅうこう》之功出来《しゅったい》仕ラズ、汚名相流シ候ヨリハ、只今之英功ヲ養家《ようか》之幸、幷ニ一時之忠ニ仕リ候ヘハ、死去仕リ候方、反《かへっ》テ忠孝ニ相叶ヒ候義ト存ジ奉リ候。右之仕合《しあい》ニ付、御憐愍《ごれんびん》ヲ以テ憐《のぞ》ミ、金穀融通、下々困窮ニ及バズ、御威信・御仁恵行届キ、中興全ク成就之義、偏《ひとえ》ニ心願奉リ候。

敬白。

陸奥白河藩主から公儀の老中となって半年がたった定信の、現状認識と改革成就の決意がこの心願に凝縮されている。

願文の趣旨は、一七八八年の「米穀」「金穀」の流通が順調にいき、米価高騰もなく、下民が難義せず、安心して暮すことができ、将軍の「御威信・御仁恵」が「下々」にゆきわたるように、というものである。ここまでなら近世の多くの支配者がいいそうだが、願文の調子はもっと高く、激しい。定信は、「下々困窮」が続き、将軍の「御威信・御仁徳」が実現されずに、「人々解体」(社会崩壊)するならば、定信自身はもちろん妻子の「一命」もささげると約束している。心願成就なら、衰えてきた歴史の「中興」をなしとげたことになる。

願文のなかの「人々解体」という危機意識が注目されたこともあるが（林b一九七二）、今は定信の「歓喜天」に心願する行為に目を向けたい。

「歓喜天」は「天部《てんぶ》」の守護神《しゅごしん》の一つで、「大聖《だいしょう》歓喜天」のほか「大聖歓喜大自在《だいじざい》天」「大聖歓喜双身天王《てんのう》」「天尊《てんそん》」などと呼ばれ、世間では「聖天《しょうてん》さん」「聖天さま」と通称された。世間の「歓喜天」観は、もっとも神通力《じんつうりき》が強く、ほかの神仏では聞き届けてもらえないむずかしい願い事を叶えてくれるが、ご利益《りやく》が強力なだけに約束を守らなければすさまじい罰をあたえる神というものであった。この守護神に、目をあわせてはいけないとさえいわれた。松平定信は、生半可《なまはんか》な願い事ではないという証しに、自分の命ばかりか妻子の命、つまり大名松平家の存続を担保の供物にして「米穀」「金穀」融通を心願したのである。

「歓喜天」の偶像は一種ではないが、普通は二頭の象（男天女天）が抱擁している。儒学《じゅがく》・和学《わがく》ともに造詣深く、朱子学《しゅしがく》を「正学《せいがく》」とする「寛政異学《いがく》の禁《きん》」を命じた松平定信が、日頃尊崇する神格とは思えない。しかし、当人が通常を超えた心願を立てる場合は、通常の信心を超えた超越観念に心願する。学者の定信もまた、この点でいかんなく「近世人」だったのである。

天観念と鬱憤の強さ

田沼意次の「近世人」らしさをもう二つ指摘しておきたい。一つは、意次が頼む超越観念についてである。近世にあっては、一般に神仏習合《しんぶつしゅうごう》あるいは多神教的な神観念が特徴とされる。しかし、「上奏文」のなかの、「上天日月」云々、「天道」云々というような祈禱文言は、「天」「天道」などの上位性を示している。「大元帥尊」に対する宝前祈禱であるにもかかわらず、混在する神仏観念をさらに上位で取り締まる威力、それは「天」「天道」なのである。けっして一神教的社会ではなく、明らかに多神教であり、それらの層位関係は流動的ですらあるが、それらを根本でくくるのが「天」観念であるとみると、超越観念についても、近世日本が東アジア世界のうちにあることが理解できるのである。

もう一つは、「上奏文」の受け取り方である。この祈禱に「失意」や「落剝《らくはく》」を読みとる論調がある。そもそも異様な超常の威力に縋《すが》りつこうとすること自体が、弱気の極みに陥った敗者の心情を印象づける。だが、それは的確だろうか。

意次は、これより以降に、家中《かちゅう》を集めて繰り返し、大名として再生するうえでの心構えを諭し、大名家として持続するための家法・家訓《かくん》を草して、長く大切にしていくよう指示している。七〇歳に近い意次から感じとれるのは、仇討行為を裏返したような執念、溜まった鬱憤《うっぷん》を晴らすまでは引き下がらない執着ぶりである。鬱憤の強さ、執心の深さもまた、「近世人」の特徴である。

②——江戸城政治家の転身決意

重陽の節句の家中教諭

一七八七（天明《てんめい》七）年五月の降魔祈禱《ごうまきとう》がすむと、意次は「発明《はつめい》」の人にふさわしい迅速な判断と意志の力で、自分の行く先を軌道修正しようとした。江戸《えど》の打ちこわしの嵐は数日間で吹きすぎ、その責任を問われた側衆御用取次《そばしゅうごようとりつぎ》横田準《よこたのり》松《とし》▲をはじめとする田沼派の失脚によって、頓挫していた松平定信《まつだいらさだのぶ》の立場は確固としたものになった。六月には、定信が主導する寛政《かんせい》の改革《かいかく》が始まった。将軍昵近《じっきん》の江戸城政治家としての意次の復帰は、ありえないものになった。

しかし、三万七〇〇〇石《ごく》の所領《しょりょう》と相良《さがら》城は残されている。城持ちの中級譜代《ふだい》大名《だいみょう》である。意次は、雁《がん》の間詰《まづめ》の譜代大名として生きていく決意を固めたのにちがいない。九月九日、家中《かちゅう》に対し、ねぎらいと叱責をないまぜにした教諭を朝夕繰り返した。この日は邪気を払い長寿を願って、菊の花をかざり宴を催す重陽《ちょうよう》の節句《せっく》である。家中の招集は、意次に吉《きち》なる方向への意欲があったからだろう。あるいは家士《かし》を集めることには憚《はばか》りがあるが、節句の祝宴ということ

▼**横田準松**　一七三四〜九〇年。側衆御用取次となり田沼意次の政治を支えたが、江戸打ちこわしに際し、将軍家斉《いえなり》の下問《かもん》に、町々は平穏無事と偽ったことをとがめられ罷免された。

でそれをまぬがれようとしたのかもしれない。藤田覚氏は、家治《いえはる》死去(とされた日)の九月八日から一年がたち喪《も》が明けた日であることから、家治に対する「忠義の心の厚さ」(『田沼意次』)としているが、そういう心事もいれてよいかもしれない。

教諭はおだやかな説き方だが、将軍側近の江戸城政治家から、一大名に転身する方向へ、進路を切りかえていこうとする強い意志があらわれている。

「御直《おんじき》」に「被仰含候《おおせふくめられそうろう》」というのは、記録者の姿勢だけでなく、当年の意次の口調がこうした表現にふさわしいものだったのであろう。「被仰渡《おおせわたさる》」とするのが普通だが、嚙んで含めるように家中の者らに説く意次の意思の強さがかえって伝わってくる。これは日頃の家中への物言いから生じる態度でもあったろうが、心中に重大事をかかえているために、ひときわ丁寧な説き方になったものと思われる。温和さではなく、なみなみならぬ決意を知るべきであろう。教諭の全文を読みくだしてみよう。

天明七丁未《ていび》年九月九日。表向諸士《おもてむきしょし》へ、意次公御直に仰せ含められ候趣、左之通。

去秋《さるあき》已来《いらい》、久々逢はず候。先達《せんだっ》ては誠《まこと》に存じ寄らざる義、恐れ入り候。何連《いずれ》も無辛労《さぞしんろう》いたし、難儀ニもこれありたるべく、其段は心外千万痛心《つうしん》致し候。よくこそ神妙ニ相勤め、満足此事ニ存じ候。扨又《さてまた》、何連も中間かされ置き候事にこれあり候。自身家之義は、他家と違い、至って小身より御取立《おとりたて》ニ罷《まか》り成り、追々歳を経、繁昌なる御役斗《ばかり》相勤め候事ゆへ、事多ク、家政之事、仮成《かな》りニ致し置き、御役筋《おやくすじ》之義のみ専《もっぱら》ニ取計ひ候事故、規矩《きく》もこれなく、家法取〆《とりしま》りこれなき通りニて打ち過ぎ、只《ただ》手の廻り候を専ニ何連も心得、物毎ふんだんニ計《はからい》いたし来り、只今見候ては、誠に奢《おごり》ト申すべき哉《か》、不《ふ》取〆りと申すべき哉。分限《ぶんげん》ニ越へ候事共ニて、後悔致す事ニ候。畢竟《ひっきょう》自分ハ勿論、重立《おもだち》候役人共一統、油断之至りニ候。之により先達て中より、厳しく倹約申付け、彼これ世話致す義は、何卒諸事規矩を相立て、世上並ニ取〆出来《しゅったい》いたし、家法宜《よろ》しく相定めたく、畢竟自分、勝手《かって》不女（如）《ふにょ》意《い》ニ相成り候へば、無拠《よんどころなく》其方共え渡物《わたしもの》なども差閊《さしつかえ》候様ニ成行き申すべく義、何卒《なにとぞ》後々迄《まで》左様之難儀致させ度くこれなき存寄《ぞんじより》より、頻《しきり》ニ取〆之儀申し付け候事ニ候。只今ニて御手張《おてばり》候暮方之儘《まま》ニて差し置き候ハバ、遠からざる内、差問申すべき儀顕然《けんぜん》ニ候。之により懸り之者共えも精々《せいぜい》申し付け候間、万事質素ニ入用《にゅうよう》も相減じ候様取斗《とりはからわ》せ候へども、未《いまだ》自分存じ候様ニこれなく候。自分、右之通り存じ候ても、其方共心掛《そのほうどもこころがけ》悪敷《あしく》、身上向《しんしょうむき》、暮方ニ心ヲ用いず候ては、自分存念も無ニ相成り候事ニ候条《じょう》、諸事質素ニ取続《とりつづき》第一と相心得、上下一和《いちわ》致し候ハバ、後々迄も難儀は致すまじく候間《あいだ》、此段等閑《とうかん》ニ及ばざる様ニと存じ候事ニ候。且又為《かつまたため》不為《ふため》之義存じ付き候義もこれあり候ハバ、何役之者ニても遠慮なく申し聞かすべく候。扨又芸術之義申し出で候処、何連も出情《しゅつじょう》之由相聞え、満足千万ニ候。前段之通り御取立之家之儀ニ候へば、何《いず》れも諸芸之心懸け未熟なりと他家之面々嘲《あざけ》り候様ニては、公儀に対し奉り相済まざる事ニ候。武芸は勿論《もちろん》、学問等迄随分心懸け、油断なき様ニ偏《ひとへ》ニ相頼み候事ニ候。様々申べく候へども、事長キゆへ前書之趣、荒増《あらまし》申し聞かせ候。能々《よくよく》相弁《わきま》へ、相心懸け申すべく候。

但、家中誰とも中能《なかよく》申し合せ、不和之義これなき様ニ何れも腹臓《ふくぞう》無《な》キやうニ致すべく候。

右、朝夕ト二度諸士召し出され、仰せ含めらる。

近世大名であることの要件

この直談から、藤田覚氏が、家法なし、武芸・学問の未熟という点を、大名田沼家の弱点として指摘している（『田沼意次』）。近世大名の要件がなにかを考えさせてくれるが、ここでは意次の家中に対する直談という行為を取り上げる。

将軍でも大名でも、君主《くんしゅ》あるいは執政機関の長として「上意《じょうい》」を反映させる仕組みがある。意次の側用人《そばようにん》という職務はそうした上意下達の回路であった。ただし意次が老中《ろうじゅう》という合議・執政機関の一員になっても兼務していたのは、通常の形態ではない。それは個人への権力集中の形であるから、将軍家重《いえしげ》・家治がどれだけ「また（と）うとのもの」（家重遺言『徳川実紀《とくがわじっき》』、実義な人間）と信任しても、周囲に嫉視《しっし》や反感を生み出す。意次の「発明」さは、そのことに想像力が働かない性質のものであった。ともあれ、将軍や大名と取次、執政たちの日常的な接触の場面が日々あったのである。

下位の臣下《しんか》はどういう場で主君《しゅくん》とあえるのか。新年や吉凶《きっきょう》、論功行賞の際の

「御目見《おめみえ》」が、主君が家中に接見する機会である。お目見えにも、特別に接見される「独礼《どくれい》」、同じ身分の者が同時に接見される「惣礼《そうれい》」がある。こうしたお目見えのほかに、家臣《かしん》一同を大広間などに呼びだし、「御直」にいいきかせることがある。改革的な決意を述べるときや、意を決した叱責を行うときなどである。意次は、教諭の率直な言説からみて、家臣に威を張る大名ではなかったようだが、「御直に仰せ含められ候」と接見を常時やったとは思えない。公務煩瑣《はんさ》の年月は、役務を補佐する古くからの家臣を除いて、家中を日頃から間近に呼ぶ余裕をあたえなかったはずである。ましてやこの時期は、謹慎の立場であり、普段なら常時あっていた近臣《きんしん》さえ近づけない日々をすごしていたはずである。

このとき、すでに意次は六九歳になっている。「朝夕ト二度」にわたって説いたというが、家臣を二つに分けたのか、朝夕二度、同じ教諭を行ったのか。意次は、神田《かんだ》橋上《かみ》屋敷を没収されたが、まだ木挽《こびき》町の中《なか》屋敷、蠣殻《かきがら》町の下《しも》屋敷・駒込《こまごめ》屋敷などがあった。多分、その中屋敷においてであったろう。田沼家の家中は、国許《くにもと》役目の者を除けば、主君にならってすべて江戸定府《じょうふ》である。

ところで、「仰せ含め」と記されているものを「教諭」とすることには、政治文化論的な意味がある。江戸時代の支配とは、武断《ぶだん》的な支配よりも文治《ぶんち》的な支配、家臣や領民から「合意」を取りつける文優先の支配を実現しようとするものであった。個々の局面では強権的支配が表面化することも多かったが、「儒教《じゅきょう》核政治文化」の染みとおったこの社会では、文治優位へ回帰させる努力が払われた。それは、優しい支配という意味ではなく、「諭」による支配ということである。意次の「仰せ含め」も、武士の軟弱化時代というだけではなく、むしろ「東アジア法文明圏」のうちにあった国家・社会の政治体質の反映である。

意次は、「先達てはまことに思いがけない事態で、困り果てた」と、失脚がいかに唐突なものだったかを告白する。意次は、「上奏文《じょうそうぶん》」にしても「遺訓《いくん》」にしても、経験や感想をけれん味なく表現する人物で、失脚もまた、このような感情で迎えたのであろう。政局を動かしてきた要路者《ようろしゃ》として、自分に距離をおく者や政敵について、鋭い勘働《かんばたら》きがあったはずである。飛ぶ鳥の勢いで半世紀を駆けぬけるには、力の構図に敏感でなければならない。これまでは、難局をすべて突破した。それからすれば、唐突に老中辞任に追い込まれたことへの、「驚《きょう》愕《がく》と困惑《こんわく》」という感懐に詐《いつわ》りはないだろう。

「皆々さぞ心労し、難儀な目にあったことであろう。心外の至りだが、よくぞ我慢してつとめてくれた。満足に思っている」と、事後の家中の勤め方に対して、意次は労《いたわ》りとねぎらいを表明する。こうした配慮は、意次の性格にまでなっていたのであろう。田沼家は主君が失脚しても、なお中級譜代大名だから、家臣にもみずから去る理由はない。ただ、田沼家の家臣には、これよりしばらくのちに解雇された者でも、主家を悪しざまにいいふらしたり書き残したりした形跡がない。家中の者に、待遇と恩義の感覚が共有されていたからだろう。

しかし意次の教諭は、内容としては、しだいに厳しくなっていく。「田沼家は、他家と違い、小身からお取立ていただき、年月がたつにつれ、多忙なお役ばかりつとめることになったため、公務が多かった。そのため田沼家の家政のほうはいい加減にし、公儀の御用ばかり取りはからうことになった」と、田沼家の弱点を指摘する。意次が権力の頂点に座り続けていれば、多分、意識されることがなかったであろう。「田沼家の行動基準もなく、家法で規制することもなくすぎて、皆がただ当面の処置に精一杯となり、事ごとにいきすぎた対応をしてきた。今振り返ると、奢《おご》りというべきか取締り不十分というべきか、ま

▼**柳沢吉保**　一六五八～一七一四年。幕府側用人・譜代大名。館林《たてばやし》藩士の子として生まれ、藩主綱吉の小姓となる。綱吉が将軍になると幕臣となり、幕政を主導して大老格《たいろう》までのぼった。

ったく分限を超えた仕様で、後悔している」。

この場合、意次はどういう大名を思い浮かべたのであろうか。譜代大名家でも、三河《みかわ》以来の家もあり、公儀《こうぎ》役職に任じられ江戸で新規に取り立てられた者もいる。しかし、家禄《かろく》六〇〇石から五万石以上にまで加増を重ねた者は、綱吉《つなよし》時代の柳沢吉保《やなぎさわよしやす》▲を除けばみいだせない。意次が父親から継いだ遺領は、六〇〇石である。ただ遺領を継ぐ前に、一六歳で世子《せいし》家重付き西丸《にしのまる》小姓《こしょう》になり、蔵米《くらまい》三〇〇俵を拝領した。役料としてであるが、これは没した父の遺領を継いだときに返上した。大名家は、先祖武功の記憶、家法と規矩、それを体現する大名人格、補佐する「器用」の家老《かろう》、分野ごとに精勤する実務臣僚がいなければならない。武芸・学芸で他藩他国に知られた人材も大名家の評判を高める。こうしたことが実現されるためには、代々を重ねた熟成の時間がいる。それらがこごも積み重なって、意次は大名家としての劣等感を抱き続けていた。江戸城一番の権力者であったときは、それを忘れていられるが、一大名家としての転身をはかろうとすれば、それらが重みとなってのしかかる。家中の自覚、能力の見劣りが、「発明」の人であるだけに意次を苛立たせる。

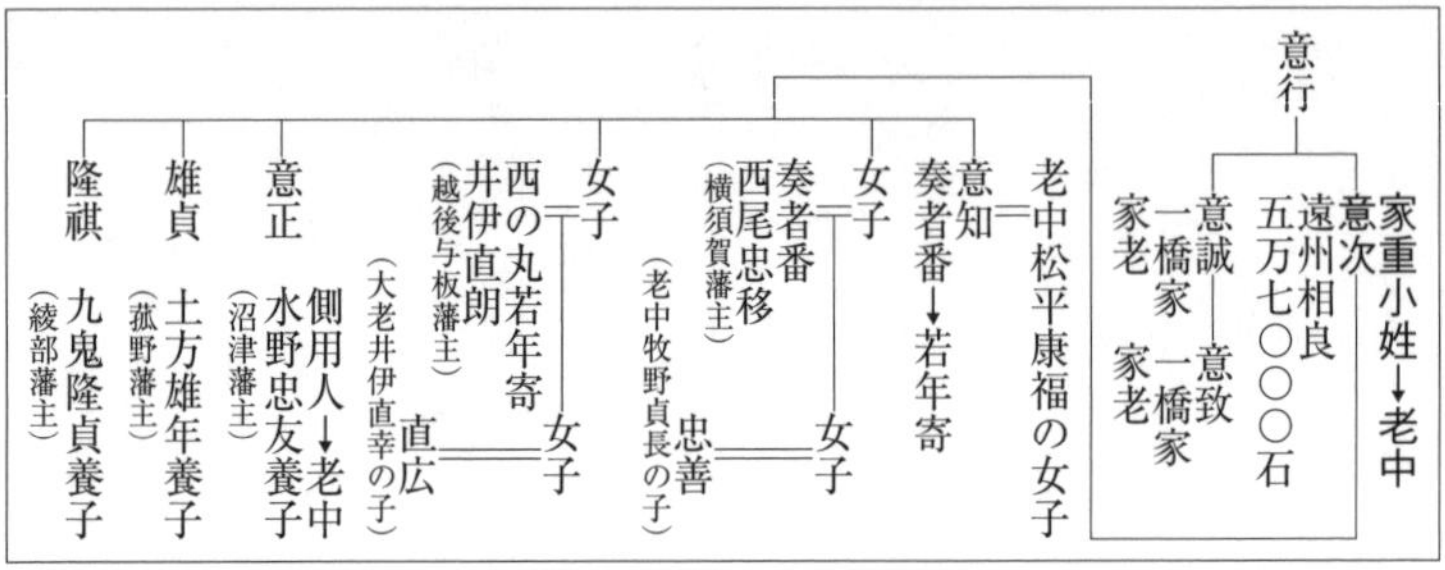

田沼意次の閨閥

江戸城から全国に威権をふるう立場から追われたとき、田沼家の弱点が一挙に大写しになった。意次の権力絶世期の周囲の嫌忌理由に、一族で権力を私するということがあったろう。近世でも、有能であればいくら力を一身に集めて辣腕をふるってもよいと考えられていたのではない。自身が謀臣《ぼうしん》的な地位にあることのあやうさをよく知って、大禄《たいろく》を固辞し続けた逸話も残されている。家臣に対しても細心に言辞を繰りだす意次が、どうして弟(一橋家《ひとつばしけ》家老)や倅(若年《わかどし》寄《より》)、そのほか縁戚関係者を権力操作の要点に配し、そのことがいずれ大きな憎悪の反動力となって跳ね返ってくると思わなかったのだろうか。それは近世政治に「人格的影響」の要素が色濃く生きていることの証しであるが、意次のような新規取立てであればあるほどそうした縁戚形成が必要であるにもかかわらず、実は縁戚の力が効力を発揮するためには長い家の歴史と由緒が必要なのである。周囲の嫉視や嫌悪をあおらずに、いかに縁戚関係を力に変えるかということにも、家の歴史の蓄積からくる平衡感覚が必要である。田沼家にはそうしたことを斟酌《しんしゃく》する力が欠けていた。主君の意次だけではない。家臣にそのことを配慮し、諫争《かんそう》するだけの人材がたくわえられていなかったのである。意次にしてみれば、父が隠居していないときに、自分が小姓として蔵米を扶持《ふち》された経験が、嫡男意知が自分と同じに江戸城で栄達していくことに対する警戒心を薄れさせたのではないか。父子同時の「御取立」の誘惑に勝てなかったのである。

意次自身にとっては、「御取立」は家格《かかく》の栄誉感に終らず、天下を切り盛りする激務の日々となった。しかし田沼家が、御三家《ごさんけ》家中から江戸将軍の直参《じきさん》・旗《はた》本家《もとけ》六〇〇石になり、二代目意次のときに五万七〇〇〇石、城主、江戸定府の老中家にまで急上昇していくあいだは、恩頼感の高揚を家中にもあたえたにちがいない。

「年月がたつにつれ多忙なお役」をつとめてきた。今では「もっぱらお役のみをつとめてきたため」と、その繁務が恨めしく思われる。そのため「公務の多さ」が田沼家の家政をいい加減にすることになった。

「公儀の御用ばかりを取りはからうようになった」という意次の告白に偽りはなかっただろう。このことが、田沼家の大名としての成長を阻害したことにも気づいている。こうした役目繁忙の代償は、「田沼家の規矩（行動基準）もなく、家法で規制することもなくすぎて、皆がただ当面の処置に精一杯」という家運営の軽視であった。

「規矩」「家法」をいうとき、意次が注意を向けるのは、まずは藩財政である。「事ごとに費《つい》えを惜しまずにやってきた。今振り返ると、奢《おご》りというべきか取締り不十分というべきか」という嘆きは、近世経済思想の土台である節倹《せっけん》を欠いた家運営に対する反省である。「つまるところ、私はもちろんのこと、重立った役人すべてが油断していたから」と、まずは自身の反省をいい、それに同調させて家中の反省をうながしていく論法は、一方的論難を避ける近世人的なレトリックでもある。本心は、「役人共一統」への批判である。倹約の指示は、すでにだしてある。「先達てより厳しく倹約を申しつけ」たのは、「諸々のことに行動基準を定め、世間並に取締りを十分にして家法を定めたい」という覚悟を固めたからである。浪費体質であった田沼家経営を、「世間並」におさえようとしたのである。

それが必要なのは、「自分（田沼家）が財政困難になれば、やむなく家中への給与にもさしつかえることになり、どうぞしてのちのちまで苦労をさせたくないので、繰り返して取締りを申しつけるのである」と、家中のためだとしている。したがって、「手を広げた暮し方のままに放っておけば、近いうちに財政が困難になってくるのは顕然《けんぜん》」と、今のままでは近いうち田沼家が財政逼迫になることを警告する。

「担当の者にもよく申しつけておくので、あらゆることに費用を倹約し減らすよう取り扱っているが、いまだに自分の考えるようにいたらず」と、意次は、自分の考えを家中の者が理解していないと残念がる。「私が、このように考えても家中の者の心掛けが悪く、田沼家の財政に注意を払わなければ、自分の考えも無に等しく、諸事質素に田沼家維持が第一と心得、上下の者が協力しあえば、のちのちまでも苦しむことがないであろうから、このことをなおざりにしないように」と、丁寧に趣旨を繰り返すのである。

自分の考えの理解を求めつつ、意次は、「田沼家のためになること、ならないこと、思いついたことがあれば、役目の上下を問わず遠慮なく申しでること」といいつける。役に立つことと立たないことのすべて、家臣が主家のために思いつくあれこれを遠慮せず、上下の身分を問わず建言することを指示していたのである。これは近世大名が広く行ったことであるが、意次は改めて家中の意見をうながしたのだが、これも田沼家が大名家として成熟していないことの証拠の一つであろう。

「芸道について問うたところ、誰もが熱心の由、たいへん満足である」は、田沼家を大名家らしくするために、家中の水準を引き上げる必要があったが、すでに「芸術」稽古に励んでいるさまを聞き、褒めたのである。武芸・学芸の稽古の実が上がっているというのだから、あるいは意次は老中辞任の際にも家中を集めて訓話《くんわ》をしたのかもしれない。のちに紹介する「家法」では、「軍用」「弓矢」を表にだしているが、田沼家では武芸は無外流《むがいりゅう》の剣術が指南《しなん》されたという。

「新規にお取立ていただいた家だからこそ、諸芸のたしなみが未熟であると他家からあなどられれば、公儀《こうぎ》へ申し訳のないことである。武芸はもちろんのこと、学問までもよくたしなみ、油断しないよう、ひたすら願うものである」。にわか立身の家だからこそ、家中の者が「他家之面々」からあなどられれば、「公儀」へ申し訳のないことであるという。意次のような江戸城政治家にとっても、近世の中枢権力体は、公儀として客体化され、尊重されている。その中核に、将軍権力が位置づけられているからであろう。意次が公儀の私物化の振舞いと批判されたにせよ、その主観では自己をはるかに超えた存在であった。そういう公儀に奉公《ほうこう》する田沼家の成熟要件として、家臣団の充実を考える意次は、「偏ニ相頼」みと家中に懇請するのである。

直談教諭では、いいたいことがいくらもあったようである。しかし、意次は、「ほかにもさまざまいいたいことがあるが、長くなるので、前書の趣旨のあらましを申し聞かせた。よくわきまえて心がけること」ととどめている。そして、「家中の誰とも仲よく話し合い、不和の起こらないように、心のなかに包み隠すことのないように」と、家中分裂を懸念して「不和」を戒めるのである。

築城を臨場指図しなかった城主

大石慎三郎氏は、意次が「遺訓」で年貢《ねんぐ》の増徴を戒めていることに注目し、吉《よし》宗《むね》の年貢増徴策や、郡上《ぐじょう》藩主金森頼錦《かなもりよりかね》が年貢増徴で百姓一揆《ひゃくしょういっき》を引き起こし家を滅ぼした事情をよく知っていたからであると指摘している(『田沼意次の時代』)。意次の所領《しょりょう》であった村々のなかには、年貢の軽さを百姓が喜んだとする逸話が残されている。増徴で藩財政を立てなおすという考えは、たしかに意次にふさわしいものではない。ただそれは、年貢の不足で苦しむという藩運営をしなくてもよかったからでもある。同様のことは、築城経費についてもいえる。

遠江《とおとうみ》(静岡県)相良城は、戦国期に築かれたが、その後は殿舎《でんしゃ》程度であった。美濃《みの》郡上藩一揆▲で改易《かいえき》処分を受けた若年寄本多《ほんだ》忠央《ただなか》から譲られた城ではない。小藩でも、すでに城がそこにあったからという事情で城持ちになる場合があるが、意次が一七五八(宝暦《ほうりゃく》八)年に相良に領地をあたえられたときには、陣屋《じんや》町《まち》であった。この年、一万石の大名となり、郡上藩一揆の五手掛《ごてがかり》▲の再吟味で、将軍家重に御用取次の立場で特別に出座を命じられ、裁きに力量を発揮した意次は、呉服《ごふく》橋御門《ごもん》内に屋敷をあたえられ、ついで相良の領地をあたえられたのであった。

家治の代になっても力を殺《そ》がれず、政治上の影響力を強めていった意次は、側用人就任、従四位下《じゅしいのげ》叙位、加増を重ねて二万石の大名になり、一七六七(明《めい》和《わ》四)年、遠州《えんしゅう》相良に築城を許された。また神田橋御門内に屋敷をあたえられ、「神田橋様」と呼ばれるようになる。相良に入部してからほぼ一〇年である。

相良城は、野原に縄張りしたものではないが、築城となれば第一歩からの経

▼**郡上藩一揆**　一七五四～五七(宝暦四～七)年。美濃国郡上藩の年貢増徴に対して減免を求めた大規模な百姓一揆。約四年にわたり、騒動の結果、農民だけでなく幕閣要人や藩主も処罰された。郡上一揆とも呼ぶ。

▼**五手掛**　寺社《じしゃ》・町《まち》・勘定《かんじょう》の三奉行《ぶぎょう》と大目付《おおめつけ》・目付の五者で審理する刑事裁判。高位の者の犯罪や国家の大事件を裁くために老中が命じて臨時に設けた法廷形式。

費がかかる。普請《ふしん》・作事《さくじ》開始はその翌年からで、意次は五〇歳になっている。繁務に追われながらも、自分の城を築くことを認められるという、多くの無城大名には望むべくもない栄誉を、意次はどのように受けとめていたのだろうか。

このことを考えると、意次に大名として欠落していたものが浮かび上がる。将軍の側用人や御用取次をつとめた者が一万石の大名に昇進することはしばしばあった。意次と一緒に働いた大岡忠光《おおおかただみつ》▲は家重の寵臣《ちょうしん》の御用取次として万石に列して大名となり、若年寄・側用人と進んで二万石の岩槻《いわつき》城主にまでなった。家臣をかかえ、それを扶持することもふえる。大岡忠相《ただすけ》のように重要な役職に就くたびに加増を重ねてついに一万石の大名になる者もあった。これらの大名は、戦功を起点とする「武功《ぶこう》大名家」でなく、いわば「役功《やくこう》大名家」である。新城を築くことでは、意次と同時代に、九歳から小姓として江戸城に出仕して家治に仕えた水野《みずの》忠友《ただとも》が、一七七七(安永《あんえい》六)年、側用人になるとともに、沼津《ぬまづ》に築城を許された。忠友は、一七八五(天明五)年には勝手掛《がかり》老中となり、田沼を支えた。政治的関係だけではなく、田沼の次男意正《おきまさ》を養子にして親戚になる。沼津城は廃城のうえに築いたらしいが、出自は七〇〇〇石の上級旗本家である。

▼**大岡忠光**　一七〇九～六〇年。三〇〇〇石の旗本家出身で大名に立身し、若年寄・側用人となる。第九代将軍家重の不明瞭な言葉をただ一人理解できたため、側近として活躍。

意次のこうした縁戚網の形成は、必然的に、それからはずれた者や批判的な者らに、脅威感をあたえ、やがて嫌悪・憎悪の感情を引きだすであろう。意次は、日常接触する者には丁寧で、物言いはやわらかく率直でわかりやすく、「遺訓」でいっているように「そけもの」(異風者)をきらい、乱れない格好と職務精励を日頃のモットーにしていたのにちがいない。しかし、自分と接触しない者、自分を忌避する者らの心中を忖度《そんたく》することはできなかったらしい。

ところで意次が築城を許されたとき、公儀はその資金や労働力をどのように想定していたのだろうか。意次のほうはどうだったのか。財政の健全さに注意が向く人間であることは、家中教諭によくあらわれている。

すでに存在している城にはいるのと、新しく城を築くのとでは違う。築城は、資材・職人・人夫などを大量に消費する。そのため数々の築城逸話が残される。

近世初期、大名の築城が各地でみられたが、そこでは大名みずからが先頭に立って指図したり、城に自分の理念を盛り込もうとした。城の構築は、要塞にせよ政庁にせよ、城下《じょうか》の町在や道路網の設計と深くかかわる。加藤清正《かとうきよまさ》▲・藤堂《とうどう》高虎《たかとら》らは築城で知られ、福島正則《ふくしままさのり》▲が公儀の譴責を受けたのも城修築に関する採

▼**加藤清正**　一五六二～一六一一年。豊臣秀吉《とよとみひでよし》に従い武功をあげた。秀吉没後は豊臣家に忠義をつくしながら徳川《とくがわ》氏に従い、関ヶ原《せきがはら》の戦いで熊本藩主となり、築城・治水で成果をあげた。

▼**福島正則**　一五六一～一六二四年。秀吉のもとで武功をあげ立身したが、関ヶ原の戦いで家康《いえやす》に味方し、五〇万石の広島城主になった。城の修理をとがめられ、信濃《しなの》の小大名に落とされた。

め事であった。また、築城の百姓夫役《ぶえき》は強い抵抗を呼ぶ。島原天草《しまばらあまくさ》一揆▲の要因の一つは、松倉重政《まつくらしげまさ》の島原城築城夫役の重課であった。

しかし、田沼家からは、築城の懸命さがうかがえない。相良築城には一一年の歳月を要しており、小さな普請作事ではない。かりに築城を許されたとしても、藩債にあえいで改革を決断し、金銀を獲得できる殖産専売政策《しょくさんせんばい》▲に奔走するこの時期の諸藩にたえられる負担ではない。公儀にしても、田沼の政治は、藤田覚氏のいう「興利《こうり》」の殖産政策を追求することであった（『田沼意次』）。

一〇年余の普請作事を、意次は家老の井上伊織《いのうえいおり》▲にすべてまかせた。本丸《ほんまる》二《に》重櫓《じゅうやぐら》が完成したときには意次は六一歳になっている。田沼家の財政の切盛りはあったろうが、築城が支障になって工事なかばで頓挫することはなかった。一七八〇（安永九）年、六二歳の意次は、相良城完成にあわせて、「見分《けんぶん》」という名目であわただしい国入りを果たした。このときが公式にははじめての国入りとされるが、『相良年代記』などでは、万石大名になった意次が翌一七五九（宝暦九）年に相良領の村々を巡検したとされる（『相良町史　資料編　近世(1)』）。

相良城「見分」のために江戸を留守にしたのが三週間、往復の時間を除くと在

▼**島原天草一揆**　一六三七〜三八（寛永十四〜十五）年。年貢諸役の重課に飢饉《ききん》の被害が加わって、肥前《ひぜん》島原半島と肥後《ひご》天草諸島の領民がキリシタンに立ち帰り、松倉・寺沢《てらさわ》両領主に対して起こした武装反乱。

▼**殖産専売政策**　十八世紀の幕政・藩政改革のなかで採用された経済政策。商業的農業の発展を基盤に特産物生産を奨励し、それを強制的に集荷して遠近の市場で販売し収益を確保した。

▼**井上伊織**　一七二四〜?年。旧名寛司。百姓出身と噂《うわさ》されたが、二三歳で小身旗本田沼意次に中小姓として奉公し、田沼家永代《えいたい》家老六〇〇石にまで立身。主従で栄枯盛衰をともにした。

国はほんの一〇日間余りで江戸へ戻るというあわただしさであった。国元《くにもと》（許《もと》）で築城一切を差配してきた家老の井上伊織に対し、直印の褒状《ほうじょう》をあたえた。それによると、相良城築城の「台命《たいめい》」（将軍命令）をこうむったが、「自分繁務」につき伊織が「名代」として縄張りなどを行い普請を取りはからってきたことへの「褒美」として、知行《ちぎょう》と「老職」（田沼家家老）を「子孫」にも約束するとしている（「意次直印状」『相良町史　資料編　近世(1)』）。

　完成した相良城は、敷地約七万坪、殿舎が連立し、三重櫓の天守閣《てんしゅかく》まで築かれた。江戸城は十七世紀、明暦の大火後に天守閣をすてている。相良城の天守閣建築は、縄張りを甲州《こうしゅう》流軍学《ぐんがく》者須藤治郎兵衛《すどうじろうべえ》▲にまかせたことにもよるだろうが、公儀が特別に許したことにもよるだろう。というのは、十七世紀後半、津《つ》支藩として五万三〇〇〇石の久居《ひさい》藩が成立したが、城郭《じょうかく》の築造は許していないからである。

　ともあれ家老に一二年間も城づくりをまかせ、その間一度も実地に指図することもなかったというのは、武功を起点とする初期の大名と比べると、まったく別種の大名の観がある。膨大な額になったにちがいない築城経費についても、

▼**須藤治郎兵衛**　不詳な点が多いが、甲州流軍学者であるとされ、相良城破却の際の「遠江国相良図」に「新築須藤治郎兵衛縄」と記されている。

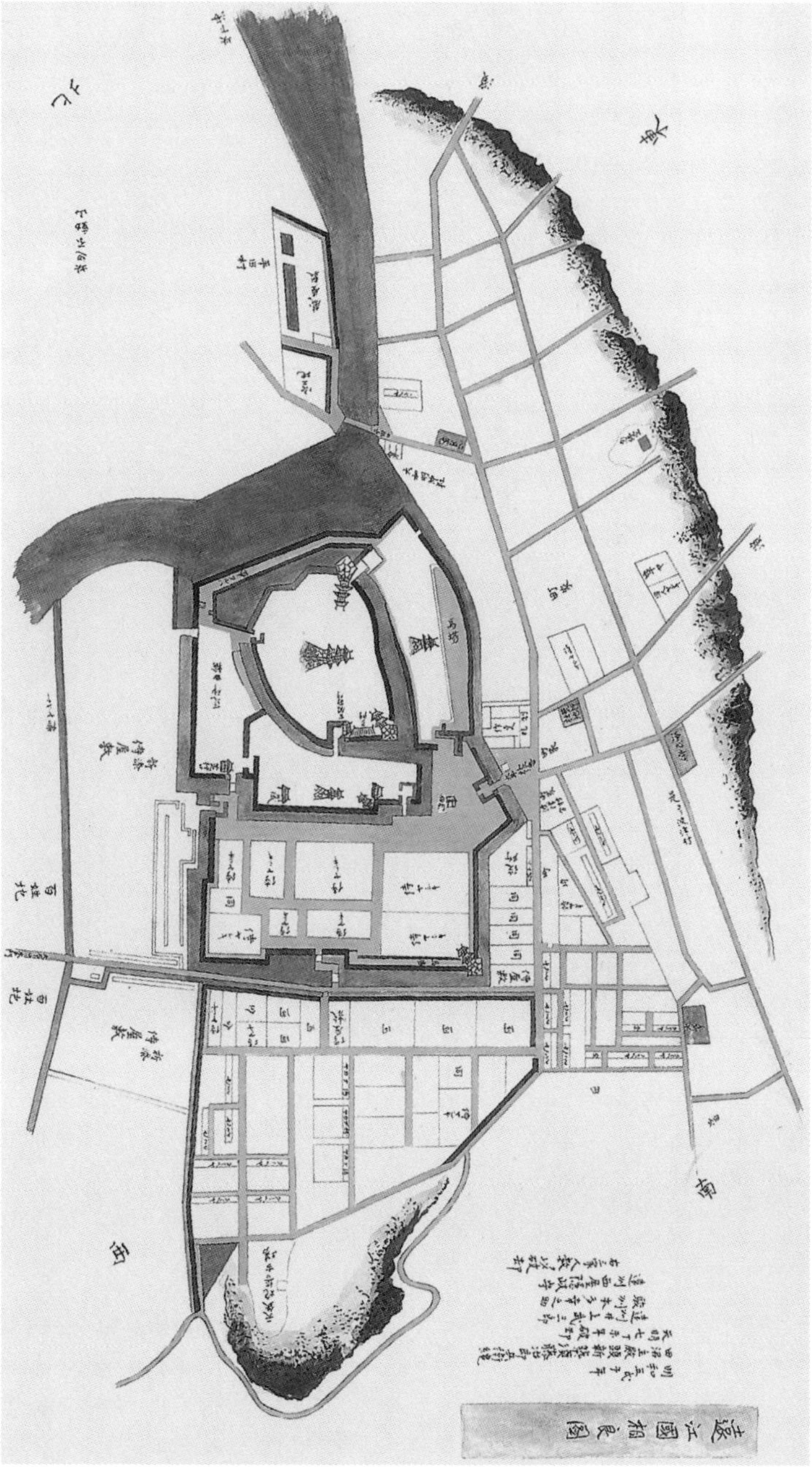

遠州相良城図

そのことで公儀から特別の拝借金をえたり、領民に御用金を命じて恨まれたり、商人から多額の借金をして藩債をふくらませたり、というような形跡がない。田沼家は、築城と城下町整備にたえられるだけの富力を養っていたことになる。

田沼家も、時には公儀拝借金の恩恵にあずかっている。公儀の機能の一つに、大名救済のための拝借金があった。自然災害・火災などの際の緊急の入費に助けをだすのである。もっとも財政悪化の公儀は、田沼意次が幕閣を去ったころから、拝借金慣行を廃止する。田沼家は、一七七〇(明和七)年領内不作のときに三〇〇〇両、一七七二(安永元)年目黒行人坂大火《めぐろぎょうにんざか》の際の屋敷類焼で一万両など、公儀拝借金をえている。薩摩《さつま》藩や秋田藩の拝借金願いを取りもってもいる。

田沼家は、老中として江戸定府だったから、参勤交代《さんきんこうたい》はない。しかし、国元の町と村方は明確であり、城代《じょうだい》・国家老など藩政を担当する家臣もおいている。藩政の詳細はわかっていないが、駿河《するが》の相良藩領は築城開始時で二万石、築城過程で五〇〇〇石加増、農業では養蚕《ようさん》、櫨《はぜ》栽培を奨励し、瓦《かわら》焼きへの助成が行われた。瓦は、防火対策のためか、相良城下の家宅の屋根を板葺《ぶき》から瓦葺に転換させるために使われたらしい。製塩業への助成も行われている。相良港も拡張された。東海道藤枝宿《とうかいどうふじえだしゅく》から分岐して相良にいたる道路も整備し、やがて相良街道と呼ばれるようになった。また「変助米《へんじょまい》」という備荒貯穀《びこうちょこく》の制も実施した。

苛斂誅求《かれんちゅうきゅう》は考えにくい相良藩政だが、信仰政策の記録のなかに、田沼家の富裕さや築城経費の源泉を推測させるものがある。藩主家は、寺社の大檀那《おおだんな》になることがある。一七六八(明和五)年、領内の海老江《えびえ》村大江《おおえ》八幡宮《はちまんぐう》に対し、大檀那田沼主殿頭《とのものかみ》源《みなもとの》　意次と「総家中」が「御当家御繁栄」を祈願して修造の寄進《きしん》をしている。相良城着工にあたり、成就祈願の寄進・祈禱が行われたのであろう。

一七八二(天明二)年、田沼家の縁戚・家中・商人職人らが金剛山《こんごうさん》華蔵禅院《かぞうぜんいん》に「大般若経請讀《だいはんにゃきょうせいどく》」のため寄進した「勧化帳《かんげちょう》」が残されている。寄進者は多彩で、江戸の商人たちの名前も多くならんでいる。吉原遊郭《よしわらゆうかく》の商人や、須原屋茂兵衛《すはらやもへえ》のような有力書肆《しょし》も名前をだしている。これらの商人たちは、なにかにつけて田沼家へ付け届けをし、それが常態化して、定例の上納金《じょうのうきん》のようになっていたと想像される。田沼家へのそうした寄進が積み重なって富力をつくり、築城にあたっては祝儀《しゅうぎ》の形でまた特段の寄付が集まるという仕組みになっていたと思われる。築城は、江戸の商人・職人らが資金提供することで可能になったとすれば、領民に対して年貢を無理やり責めとることは不要だったのである。

藩財政というより、田沼家財政はこうしたなかで潤沢であり、意次が失脚しても江戸定府が続くなかで、台所をあずかる家臣はこのあやうさがのみこめていなかったのであろう。意次教諭は、意次が田沼家財政を相良藩財政へ変化させようと決意しているなかでの主従の認識齟齬《そご》を反映しているものとみてよい。そして、それもまた諸芸未熟のほかに、大名家中としての未熟さを示している。

③―大名田沼家の家法作成

家法の作成と全文

「遺訓《いくん》」の作成年代は未詳だが、家中《かちゅう》教諭で、「規矩《きく》」「家法《かほう》」の欠落を田沼家の弱点としていることとあわせれば、それからまもなく着手されたとみてよい。それが「内密案」として伝来しており、第五条に「自身」も見学したほうがよいと、明らかに嫡孫意明《おきあき》をさしている箇所があるから、十月二日に「隠居」を命じられ、相良《さがら》城と相良領のすべてを没収され、意明に「新知《しんち》」(山田二〇〇三)として陸《む》奥《つ》・越後《えちご》で一万石《ごく》を宛行われた直後と考えてもよい。無城の譜代大名《ふだいだいみょう》として存続することを許されたが、意次はもはや大名ではない。「遺訓」で述べているように、「そけもの」(異風者)でありたくない意次は、これみよがしの「家法」完成を憚《はばか》ったのだろう。とはいえ大名家としては存続できるから、九カ月後に死去するまで、意次は自力で可能なことは整えた。

一つは家中の召放ち、もう一つは執政機構の確立である。孫の意明は一七七三(安永《あんえい》二)年生まれの一五歳である。激変の田沼家を率いることはできない。

だからこそ意次は家法の確立を急いだ。十二月、家老《かろう》と用人を家中の記名選挙で選ぶという方法をとった。もちろん被選挙人は重臣たちで、選挙人には平士《ひらし》も加えた。「発明《はつめい》」な才覚であり、家中の結束がかえって強まると判断したのだろう。『相良町史　資料編　近世(1)』に収録された「遺訓」案文《あんぶん》の全文をみよう。

人情之正道《せいどう》なる所は、相知り候儀《ぎ》ニ候えども、善悪之人これあるは、用うると用いざるとに有之《これあり》。我儘《わがまま》より発《おこ》り候事ニ候。尤《もっと》もその教《おしえ》、大体知らざる者も無之《これなく》候えども、学問厚き面々ニも、かの教は、別之事の様ニ学問と名付《なづ》け、除き置き、芸之様《よう》ニ致し、今日之行《おこない》は、我儘次第ニ通し行く者、多くこれあり候。勿論、教え方悪敷《あしき》ニは無之《これなし》、学ブ者、能《よく》心得らるべく候。依之《これにより》、先ヅ早く、無道《むどう》これなきため、左之七ケ条、違《たがい》なきやうニと認《これを》之候《したためそうろう》。

一(1)　第一　御忠節之事。仮りニも忘却致されまじく候。且つ当家ニ於いてハ比類なく、両御代(家重《いえしげ》・家治《いえはる》)之御厚恩、別して此義忘却有るまじき事。

一(2)　孝行之事は申すに及ばず、親族之者共え親しミ、おろそかにこれなき

田沼意次の遺訓(冒頭部分)

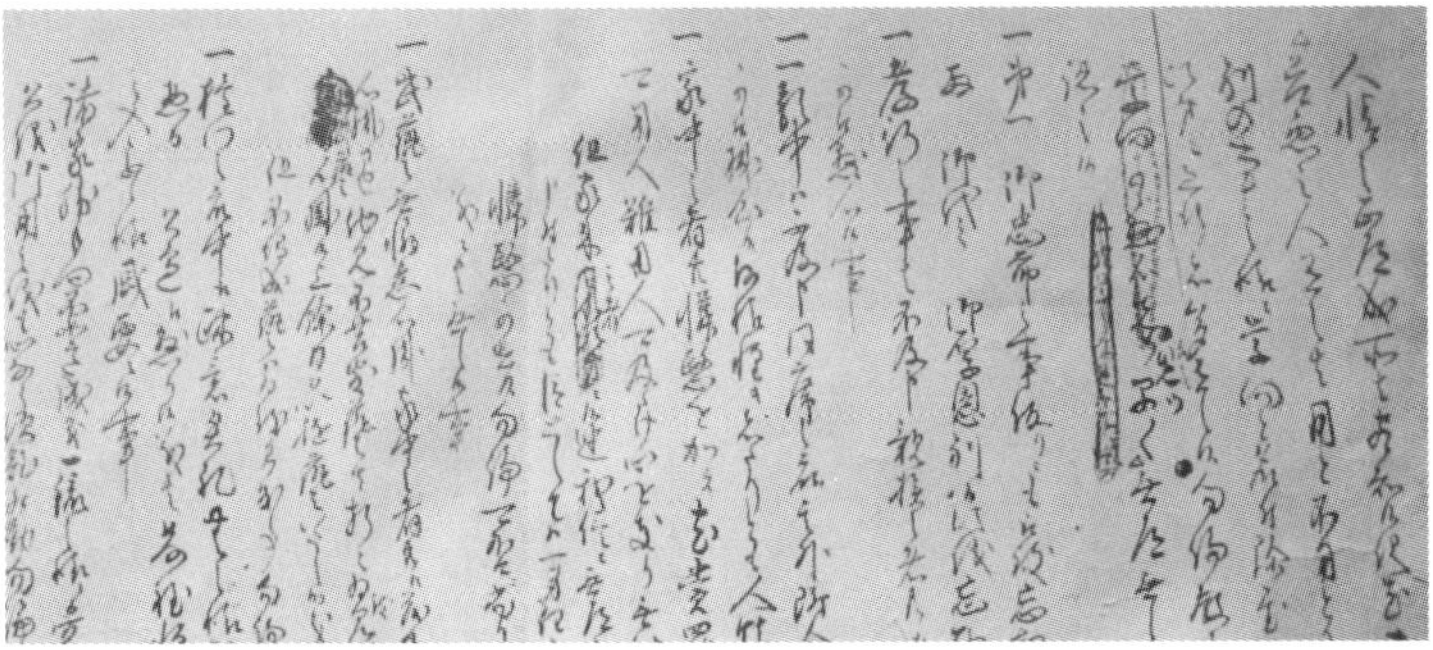

様、旦暮《たんぼ》ニ心に懸けらるべく候事。

一(3) 一類中は申すに及ばず、同席之衆、其外附合《つきあ》い候衆中え、表裏これなく、疎意《そい》これなき様、心に掛けらるべく候。何様《なによう》軽き者たりとも、人情を用《もち》い候所は、同様ニ候事。

一(4) 家中之者共、憐愍《れんびん》を加へ、尤も賞罰、依怙贔屓《えこひいき》これなき様、心に掛けらるべく候。且《か》つ可用人《かようにん》(定職者)・雑用人《ぞうようにん》及ぶべくだけ心を配り、油断なく召し仕わらるべく候事。

但、家来之者ニ候迚《とて》、我儘ニ無道之取斗《とりはから》いこれあるまじく候。如何様《いかよう》なる申付けたりとも、臣としてハ一身《いっしん》、主命に任せ、異議これなく候。其所を能弁《よくべんぜ》られ、憐愍を遣《つか》わすべく候。勿論咎《とが》むべくニ当り候事ハ、尤も相応ニこれあるべく候。罰無しと申義ニはこれなく候事。

一(5) 武芸懈怠《けたい》なく心掛け、家中之者共ニも油断なく申し付け、若きもの共ハ別而《べっして》出情《しゅつじょう》(出精)候様ニ心掛けさせ、他見苦しからず。芸者《げいしゃ》(剣客)折々見分致させ、間々ニハ自身も見物これあるべく候。且又、武芸心掛け候上、余力を以て遊芸致し候儀は勝手次第、差留《さしとむ》る及ばず候事。

但、不埒《ふらち》なる芸ハ致させまじき事、勿論ニ候事。

一(6)権門《けんもん》之衆中え、疎意失礼これなき様、堅ク相守られ、万事相応ニこれありたく候。惣而《そうじて》公辺《こうへん》え懸り候儀は、如何程《ほど》軽き事たり共大切ニ心を用い、諸事念を入れられ候様肝要《かんよう》ニ候事。

一(7)諸家、勝手向不如意《かってむきふにょい》なる義、一統之様ニて、宜鋪《よろしき》ハ甚《はなは》だ稀《まれ》ニ候。不勝《ふかっ》手《て》募《つの》り候えバ、公儀御用の儀も心ならす相勤めがたく、勿論《もちろん》御軍用差《ごぐんようさし》閊《つかう》る事ニ付、武道を失ひ、領知頂戴罷りあり候(甲斐脱カ)全く更ニこれなく、大切至極之事ニ候。此義旦暮油断これなき様肝要ニ候事。

但し此一条は別而届きがたき事ニ付き、別紙を添え候事。

右条々、厳重ニ相守り、日夜旦暮違失なく心に掛けらるべく候。且又、人並ニ違ひ候、斯様《かよう》ニて世俗ニそけものと申 類間々《たぐいまま》これあり候。是又相慎べき事ニ候。物事変《へん》ニ落《おち》ざるやうニ心に掛けらるべく候。態《わざ》と事少ニ認《したた》メ候。此余《このよ》之事ハ心を用い、人情之正道なる所を考え、怠《おこた》らず相守られ候様ニ希《ねが》い候事。

別紙

大身《たいしん》小身とも、都而《すべて》、勝手向之事ハ、年分《ねんぶん》収納是程《これほど》と存じ候事ハ、時ニより知行損毛《ちぎょうそんもう》と言う事あり。存外、収納減じ候事、多少ハ候えども数多《あまた》これある事ニ候。又諸入用《にゅうよう》(支出)は、年分是程と存じ候所ニ、存じ寄らず吉凶之物入《ものいり》、其外、無拠《よんどころなく》、不時《ふじ》の入用、或は年数之内ニは、大なる臨時入用等もこれあり、費用存外ニ増し候事ハ不絶《たえず》これある事ニ候。如斯《かくのごとく》ニて、収納増し候事ハ決而《けっして》これなく、入用増し候事ハ極而《きわめて》これある儀、此出入《しゅつにゅう》数年を経《へ》候内ニは是非無勝手《むかって》ニは成るべき事ニ候。借金、譬《たとえ》バ千両出来《でき》候えば、その利金大概十分一ハ是非遣し候事故《ゆえ》、翌年よりハ知行百両分減じたるニ相当り、大借《たいしゃく》ニ至り候てハ、其割合ニて増長《ぞうちょう》候えども、たとへ半高ニ成り候ても、やはり我持たる高之減じたるを弁《わきまえ》居《おら》ず、大借金ニ成り、取り直すべき術尽《つ》き候。よく心得常々心を用ひ、聊《いささか》も奢《おごり》これなく無益を除き、倹約怠らず候上、若無拠《もしよんどころなき》儀ニて少しも繰り合い悪敷《あしく》なり候ハバ、深く心ニかけ取り仕切り、役人共えも厳重ニ申し付け、早く取り直し置き、用金等相応ニこれあり候様、聊以《もって》油断なく心に掛けらるべく候。尤も領分取箇《とりか》等無体《むたい》ニ強く申し付け、是を以て不足を補うべしなど無筋《むすじ》之義、決而慎しまらるべく候。都而百姓町人に無慈悲これあらば、家之害これあるべから(ママ)ず候、幾重ニも正道を以て万事ニおよほし可被申《もうさるべく》候。書面ハ、自分認メ候本紙ニ候間《あいだ》、別段ニ、写《うつし》ヲ申し付けられ、此《この》本紙は、大切ニ仕廻《しまい》置き、件《くだん》之写、毎年正月之内、精進日《しょうじんび》を半日障《さわり》ニ致し、家老・中老《ちゅうろう》・一統ニ小書院《こしょいん》か又ハ居間書院か、右席これなき時ハ、小座敷杯《など》ニ集会致され、書面為流跡《めぐらせしあと》に聴聞致さるべく候。同様之事ニ候えども、毎年正月之恒例ニ致され、無怠《おこたりなく》聴聞之式行うべく候。勿論後々末代迄、右之通たるべく旨申し送らる(べく脱カ)候。

築城までの栄達

「遺訓」と呼ばれているが、初めは嫡孫で世子《せいし》の意明(意次隠居後なら藩主意明)に対する「教訓」である。意次七カ条は大名家の「遺訓」になるが、「内密案」の包紙にいれた案文のままにし、「ミセケチ」▲や行外の書加えもみられるなど、添削の苦心が明らかである。おそらく意次が公儀《こうぎ》を憚り未完成で残したと思われるが、田沼家は大名家として続いたのだから、意次は大名家の初代であり、

▼**ミセケチ**　字句訂正の仕方で、塗りつぶさず、細い線を引いたり符号をつけたりして消した文字も読めるようにしておく。

藩祖・太祖《たいそ》という呼称も使いうる位置にある。ただ大名田沼家には、そうした呼称と組み合わさっている、藩財政や参勤往来の苦労がなかった。

大名家が家法をもつことは、広くみられることで、戦国時代にも、いくつかの大名家で分国法《ぶんこくほう》▲・家法がつくられ壁書の形で公示された。しかし田沼家には、大名になり知行地《ちぎょうち》があっても、家中統制・領民支配の政治感覚が育っていなかった。それを必要とするまでに矛盾が広がらなかったといいかえてもよい。

意次は「将軍昵近《じっきん》の江戸城政治家」に終始したが、知行地をもったのは早く、官位叙任も早い。一七三四(享保《きょうほう》十九)年父意行《おきゆき》が意次一六歳のときに死し、若くして家長《かちょう》の立場になった。一七三七(元文《げんぶん》二)年一九歳で従五位下《じゅごいのげ》主殿頭《とのものかみ》に叙任されているが、これは大名なみの官位であり、江戸城で将軍や世子に近侍する立場による(西丸《にしのまる》の世子家重小姓《こしょう》)。一七四五(延享《えんきょう》二)年に家重が九代将軍になると、随伴して本城勤仕《ほんじょうきんし》になる。家重の「またうとのもの(実義な人間)」(『徳《とく》川《がわ》実紀《じっき》』)という意次への信頼感は、この時期に育ったものと思われる。

一七四八(寛延《かんえん》元)年、三〇歳で小姓組番頭《ばんがしら》に昇進し、上総《かずさ》・下総国《しもうさのくに》のなかに一四〇〇石《ごく》の知行地をあたえられた。つまり地方《じかた》支配を行う旗本領主(地頭《じとう》)

▼**分国法**　戦国大名が領国を統治するために定めた法的規範。室《むろ》町《まち》時代中期から守護《しゅご》大名や一揆による分国支配が進み、その一環として家臣や領民を規制する分国法が定められた。

になったのである。このとき、村々の百姓《ひゃくしょう》と向きあうことになったはずだが、意次がどのようにそのことを意識化したのか判然としない。意次は、一七五八(宝暦《ほうりゃく》八)年、四〇歳で大名に昇進した。この年、御用取次《ごようとりつぎ》として美濃国《みの》郡上《ぐじょう》藩一揆《いっき》の裁きを行う評定所《ひょうじょうしょ》への列席を命じられた。五手掛《ごてがかり》の審理で、意次は敏腕を発揮した。一揆の審理に加われれば、領民についての認識は広がったはずである。相良に領地をあたえられれば、百姓との関係も意識にのぼるであろう。年代記類では、この年に意次の「初入部《はつにゅうぶ》」があったとされる。郡上藩一揆の審理に参加し、家重のもとで威勢があった大岡忠光《おおおかただみつ》が、意次を「発明の者」(藤田二〇〇七)と評したのはこのとき以来であったろう。意次が築城を許され城主大名になったのは、これより相当の年数をへた一七六七(明和《めいわ》四)年で、四九歳のときである。

多忙の意次が、一二年かかって築いた相良城完工を記念して公式に「初入城」を行ったのは、一七八〇(安永九)年のことで、すでに六二歳である。しかし江戸《えど》を離れたのはわずか二〇日間余りで、現地の相良滞在はさらに短い一〇日間余りという短さであった。その短いあいだにも、後継の意知《おきとも》は江戸で家治に対し、御座《ござ》の間《ま》まで進んで拝謁《はいえつ》の栄誉をえた。まだ若年寄《わかどしより》ではないが、栄達は近い。

意次「遺訓」の儒教的性善説

この「遺訓」の思想的理解について、先行の田沼意次研究はおおむね前文の解釈に難儀している。冒頭の一文に意次の政治思想のエキスが濃縮されているのだが、先入の意次観があるために的をはずれてしまう。意次は時勢の水準を超える才気や感性をもっているという思い込みが、読み方をまちがわせる。一番まちがいやすい前文の冒頭を、補いの言葉をいれながら以下に解釈する。

人間の性情が本来「正道」(まっとう)なものであるということは、誰でも知っていることであるのに、実際の世の中には善人だけでなく、悪人もいる。これは、人の本性(善性)を当人がいかすかいかさないかの違いによる。本性の活用を妨げるのは、「我儘《わがまま》」である。その「教え」の大筋を知らない者はいないのに、「学問」をよくおさめた者でさえ、そういう「教え」は「学問」のことだとして生活から切り離し、専門の「芸」(学説)のようにみなし、

「我儘」に日々をすごす者が多い。もちろん、これは「教え」のほうが悪いのではなく、「学ぶ者」のほうがよく心得るべきことである。それゆえなによりさきに、そのほうが「無道」に落ちないように、左の七カ条に背かないように認《したた》めておくのである。

この前文は、意次が「近世大名」としての平均的水準の政治文化を身につけていることを示している。その趣旨は、典型的な儒教《じゅきょう》の「性善説《せいぜんせつ》」的人間観である。儒教は性善説に立つがゆえに、現実の世の中につぎつぎと生まれる「悪人」を説明することがたいへんむずかしい。そこで「正道」の人間と「無道」の人間の違い、というよりすべて「正道」なはずの人間のなかに「無道」な者がなぜあらわれるかを説明しなければならない。意次は、「我儘」(我意)が本性の善性をくもらせている結果とみる。それを克服するために実践的な生活徳目《とくもく》をつねに学び、自己修正・自己陶冶《とうや》を重ねなければならない。性善説に立つゆえに、自己抑制が求められ、教養主義的な毎日になるのが儒教的政治文化である。

儒教の性善説に立ってはいるが、近世日本では独自の「規矩」が細かな人間関係論としてつねにあらわれる。東アジア的な規範(仁政《じんせい》)とともに、日本社会の歴史が積み重ねてきた結果があり、それらが教諭に反映される。だから正確には「儒教核政治文化」である。それに、もう一つ留意しておくべき点がある。

それは、性善説的な教諭だけでは支配が不可能だということである。意次が政治の中枢に登場したのは、一七五八(宝暦八)年公儀の評定所で、美濃郡上藩一揆に対する五手掛の審理に「御用取次」として出席して裁判を主導したことによる。その結果、老中《ろうじゅう》・若年寄・勘定奉行《かんじょうぶぎょう》・大目付《おおめつけ》らが処罰され、郡上藩主金森頼錦《かなもりよりかね》も改易《かいえき》となり、一揆百姓も獄門《ごくもん》・死罪・遠島《えんとう》などの処罰を受けた。こうした容赦ない刑罰が不可欠だということは、「儒家《じゅか》」的教諭支配では支配が完結せず、「法家《ほうか》」的法制支配によって後ろ支えされなければならないことを示している。文治化は不変だが、法罰の背面に日本史の個性が凝集している。

意次の「忠節」と上杉鷹山の国家観

「遺訓」第一条は、将軍に対する「忠節」である。田沼家は他家と比べられないほど、「両御代」(九代家重・十代家治)の御恩《ごおん》をこうむったことを忘却してはならないというものである。この気持ちは、「上奏文《じょうそうぶん》」でも「家中教諭」でも、食い違

徳川家重像

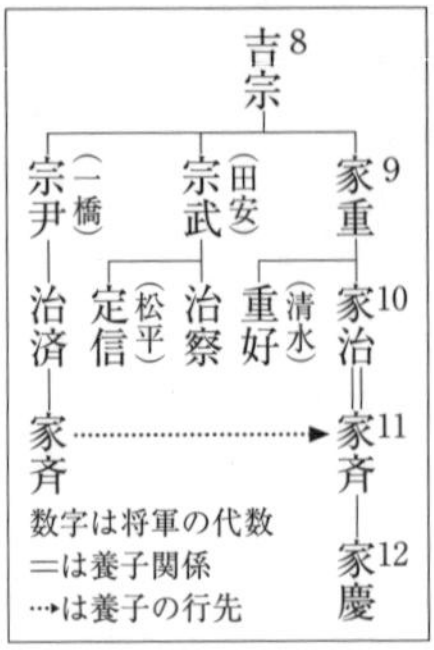

御三卿略系図

うことがないから偽りではない。意次が、公儀という普遍性のある権力体を尊重していたことは言説の端々に滲《にじ》んでいるが、同時に個別の将軍人格との強い共鳴感情が、その行動を支えていた。それを「人格的影響」と呼べば、他の大名以上に、そうした心的要素を支えに幕政に臨んだ。「御用取次」「側用人《そばようにん》」という江戸城での位置も、将軍人格との強い結合意識を生み出す。

　田沼家は、「上奏文」の意次の認識では、「有徳院《ゆうとくいん》様」（八代将軍吉宗《よしむね》）が「天下御相続」の際に、「紀州《きしゅう》」から父の意行が「供奉《ぐぶ》」するという「御高恩」をこうむって「一家」を興こすことができた。その子の意次も、「弱年」のときに「有徳院様」に「拝謁」し、それ以来、「惇信院《じゅんしんいん》様」（九代家重）・「浚明院《しゅんめいいん》様」（十代家治）に莫大の「御高恩」をこうむり、そのうえ「老職（老中）」にあげられて「大禄《たいろく》」を賜った。厚く重い「御慈恵」は「嶽《やま》」のごとく高く海のごとく深い。その「御高恩」の万分の一でもむくいるために「昼夜」ともに「心力」をつくしてきた。降魔《ごうま》の祈禱《きとう》をしながらの虚言をつきにくい述懐である。史実とも符合している。

　意次の「忠節」意識は、素直にとれば神妙なものである。そこに含まれる「人格的影響」の要素も「近世人」に共通の特徴といえる。だが、江戸時代の時勢の

▼上杉鷹山　一七五一～一八二二年。名は治憲《はるのり》だが、引退後の号鷹山で知られる。出羽《でわ》国米沢藩第九代藩主。膨大な借財をかかえ、産業から文教におよぶ藩政改革に取り組み名君《めいくん》と評された。

上杉治憲（鷹山）像

変化のなかにおくと、この「発明」の江戸城政治家が、実は一周遅れのランナーのような大名であったことがわかる。同じころの大名の家法をみよう。

近世大名の家法でもっとも有名なものは、上杉鷹山《うえすぎようざん》▲の「伝国之辞《でんこくのじ》」である。鷹山が、次期藩主治広《はるひろ》に家督《かとく》を譲る際に申し渡した、三カ条からなる心得である（『鷹山公世紀　全』）。

一、国家は先祖より子孫へ伝え候《そうろう》国家にして、我《われ》、私《わたくし》すべき物にはこれ無く候。
一、人民は国家に属したる人民にして、我、私すべき物にはこれ無く候。
一、国家・人民の為に立たる君にて、君の為に立たる国家・人民にはこれ無く候。
右三条、御遺念《いねん》有るまじく候事。
天明五巳《み》年二月七日　治憲《はるのり》　花押《かおう》
治広殿　机前

「国家」は、ここでは米沢《よねざわ》藩の領地とその支配機構である。その中核に藩主の大名がおり、それゆえ上杉家ともいわれているが、その国家と領地内の人民

（領民）との関係について、また「君」（藩主・君主《くんしゅ》）つまり大名の存在理由を教え、藩機構の私物化を戒めたものである。ただし、逸脱した言説ではない。こうした考え方は、幕藩体制の政治思想として、早くからあるもののうえに成長してきた見地であり、非近世的なものではない。しかし、近世の政治文化は、一方で「官僚制化」の方向を進みながら、一方で「人格的要素」を濃厚に含んでいる。二つは混じりあっているが、鷹山の政治思想が大名の「機構」化をともなう官僚制国家の方向にあって、いわば「近代の予兆」的な普遍性を示しているのに対して、意次の「忠誠」論は「人格的影響」がむしろ強まる方向を向いている。鷹山の見地は、商業資本の運動法則をみぬき、そのうえに幕藩体制を再編成しようとしているといってもよい。その意味で開明的・積極的な意次は、公儀尊重の気持ちは強いが、将軍との昵近《じっきん》関係のせいか、大名思想としてみた場合は、むしろ遅れた主従意識にとらわれていたといえる。米沢藩では、「伝国之辞」は、一八六九（明治二）年の版籍奉還《はんせきほうかん》にいたるまで、代々の上杉家の家督相続時に相続者に家訓《かくん》として伝承されたという。

意次の人間関係論と藤堂高虎「遺訓」

第二条の「孝行」では、親族と親しみ、おろそかにしないよう、明け暮れ心にかけるよう諭し、第三条では、親戚のほか同席の者や付合いの者に対しては表裏なく疎意なきよう心がけること、「軽き者」でも「人情」をもって接するよう留意することを求めている。第四条では、「家中の者」には「憐愍」の気持ちを忘れず、賞罰に依怙贔屓がないように心がけること、人を召し使うにはできるだけ心を配って油断なくするよう、自分の「家来」であっても「我儘に無道の取りはからい」をしてはならない、どんな申付けでも家臣は一身を主命にまかせ異議をいいたてることはしない、このことをよくわきまえ、思いやりを忘れぬこと、もちろん咎があれば相応に処すべきで、なんでも罰なしというのではない。

第二条から第四条までは、人間関係に関する身の処し方である。親子・親族、同席者・同輩・軽輩、家臣というような遠近の関係者とどうつきあうか。意次らしさがふんだんにでている面目躍如の条項である。しかし、意次ならではの気配りぶりを過度にみていくと、不正確になってくる。なぜなら、こうした配慮の仕方も「近世化」とともに広がり、近世の政治文化として浸透したものだか

藤堂高虎像

▼藤堂高虎　一五五六〜一六三〇年。主君を何度もかえて立身。今治《いまばり》藩主から津藩主に移った。宇《う》和島《わじま》・今治・篠山《ささやま》・津・伊賀上野《いがうえの》・膳所《ぜぜ》城などを築き、大坂城を修復した。

らである。その一例として、戦国武将として生き、十七世紀前半に死んだ外様《とざま》大名藤堂高虎《とうどうたかとら》▲の「遺訓」（『宗国史《そうこくし》　遺書録一』）をあげ、随所で比較しよう。

高虎の「遺訓」一九カ条には「条々」という題目がある。これは、一六二五（寛《かん》永《えい》二）年、高虎が七〇（満六九）歳の古希を迎え、四六歳の高齢で授かった、このときに二五歳になった世子高次《たかつぐ》にあたえた教訓である。この年、高虎は江戸城辰ノ口《たつのくち》の本邸から柳原《やなぎはら》の新邸へ移り、高次に公務をさせるようにした。

高虎が高次にあたえた「遺訓」のなかにも、意次の「遺訓」とよく似た条項がある。第一条で「御奉公《ほうこう》」に油断しないことをあげているのは、意次の「忠節」強調と似ている。しかし、外様大名の津《つ》藩藤堂家では、高虎「遺訓」第十一条「大事之御国《おくに》を預」っておさめるという考え方の線上に、「殿様は当分《とうぶん》之御国主、田畑は公儀之田畑」（一六五七〈明暦《めいれき》三〉年、『宗国史』）、「公儀の百姓」（一六七七〈延宝《えんぽう》五〉年）という考えに藩政思想を煮詰め、鷹山「伝国之辞」に共通する、藩の私物化を戒めている。田沼家は、藩政の矛盾を経験する藩史も欠いていた。

公儀との関係では、地方大名として再出発を決意した田沼意次は、第六条で「権門之衆中」に対し「疎意失礼」ないよう、「公辺」向きのことは軽いことでも念入りに対処することを教えている。初期大名高虎も、「遺訓」の第三条で、「出《しゅっ》頭衆《とうしゅう》え切々《せっせつ》可申通《もうしとおすべき》事」と幕府要路者《ようろしゃ》への気配りを勧めている。江戸城政治の枠外へでれば、大名はこうした気遣いを不断《ふだん》に求められたのである。

日々の人間関係については、高虎「遺訓」には、第二条に「孝行」がある。第十二条では、「ふだんから能《よ》き友と話し、異見《いけん》（忠告）を受けるようにせよ」と、友達の選び方を説く。第十三条では、「家中」の「奉公の忠・不忠、善悪」をよく知り、自分（大名）は「君」（将軍）への「御奉公」の心持ちを失わないことを説く。第十四条では、家臣には「いつれも情をかけ」て召し使うこと、「御軍役」を果たす家来を召し抱えなければ用に立たないが、合戦《かっせん》で役立とうと心がける家臣は人好みをするから家中には「憐愍」をかけるようにと説いている。戦国を生きぬいて近世大名化をとげつつある高虎は、なお実戦的な匂いが濃いが、人間関係に細かな気配りをする点は、十八世紀後半の意次に劣らない。

高虎は第五条で「身の分限」をわきまえて事をはからうことを教えているが、この気配りは意次の細心さに通じる。高虎は、第七条で「振舞」を受けたときの「長酒」を戒め、第八条では、「虚病《きょびょう》」をかまえて呼出しに応じないのは我儘だと戒めている。第十条では、誰もがよい人だという者の真似をし、誰もが悪い人だという者の真似をしてはならないと戒める。これは「そけもの」をきらう意次の人間観に通じる。また高虎は、「大人を敬ひ老人を愛し」と長上に対する態度を諭し、自分の「利根《りこん》」に驕《おご》って他人を嘲《あざけ》ることを戒めている。

算勘能力の評価と諸芸への態度

高虎の時代には、殉死《じゅんし》をすることが広くみられた。そういう家臣は武功《ぶこう》第一の考え方であり、人好み、主君《しゅくん》への人格的依存が濃厚である。高虎は、それを思いやる大切さを述べる反面で、第十五条で、「物資の調達を行う家来もまた大事にすること」と述べ、武功の家臣と財務の家臣を「車の両輪」のように召し使うことを諭す。また、第十七条では、その場の憤りにまかせて小過《しょうか》の家臣を「死罪」にすれば問題も残す、「罪の軽重」をよく調べることと教えている。

意次「遺訓」は、第五条で、家中が「武芸」に励み、「芸」を折々「見分」させ、藩主自身も時には「見物」するよう教えている。そして、「武芸」の「余力」があれば「遊芸」をしてもかまわないが、つまらない「芸」はしないこと、と戒めている。

このことを例外的であるように強調する見方もあるが、これも近世大名であれば、ことさら逸脱した芸道論ではない。

意次は、第七条で、「勝手向不如意」になることに注意を喚起し、「諸家」がその状態であること、そうなると「公儀御用」もつとめがたくなり、「御軍用」にも差しつかえること、「武道」を失い「領知」を安堵《あんど》されている甲斐がなくなると述べ、財政を「別紙」で再論している。意次の「軍用」認識ははっきりわからないが、十七世紀の高虎は実戦の武将だから、第四条で「弓鉄砲馬以下」の軍事を「家職の道」として忘れないよういいつけている。そして、「遺訓」末尾に、「文武両道之嗜《たしなみ》専一」として、「合戦」は稽古をするわけにはいかないから、武功をあげ「其道を知たる人」の経験談を聞くようにせよと教えている。こうした実戦性については、意次は高虎におよばない。

「別紙」の財政論で意次は次のようにいう。収入も、年により「損毛」が生じるから増減する。また支出も、予算を立てても、思いがけない「物入」や「不時」の支出があり、何年かのうちには「大臨時入用」も必要となることがしばしば起こる。「収納」がふえることはなく「入用」がふえることは必ずある。「借金」が「千両」になれば「利金」で一割ほどは払わなければならなくなるから、翌年から「知行百両分」が減少したのと同じであり、「大借金」になれば知行が半減するのと同じになり、立て直せなくなる。少しも「奢」がないようにし、「倹約」を心がけ、収支のやりくりが悪くなったら、細心に注意して立て直し、手元金が相応にあるように油断なく処置すべきである。だからといって年貢を「無体ニ強く申し付」け、それで不足分を補うという「無筋之義」は絶対に慎しむよう。「百姓町人」に対して「無慈悲」なことをすれば、「家之害」になる。くれぐれも「正道」(善なる性)をいかして万事に臨むべきである。

田沼家には付け届けが潤沢で、年貢収奪を考えなくても余裕があったのだろう。築城という途方もない出費でさえ、領内に御用金を課した形跡がない。だが、小大名として生きる覚悟の意次には、藩財政のむずかしさは認識されている。

ただ、こうした意次の言説から、経済に明るい、気配りの政治家と説明し、その実直ぶりや「発明」さを強調する人間論は適切でない。意次の人格的骨格は「近世人」であり、そのなかの「近世大名」だったということである。財政論・年《ねん》貢論《ぐ》ではないが、算勘《さんかん》能力論では、初期の藤堂高虎の「遺訓」に、武功派だけでなく「算用」に働く家臣を大事にすべしと命じていることは、さきに述べた。その第十六条では「算用之道」、つまり勘定のことを知らないことはよくないことと明言している。初期にはこうした進み方に反発する歌舞伎者《かぶきもの》的な生き方もあったが、「近世化」の主流は、「算用」に明るいことであり、当然財政に気配りする生き方だったのである。意次の年貢重課に対する反対についても、他にみられない特徴としてはならない。年貢に頼らなかった田沼家財政のあり方が一方の理由ではあるが、儒教的政治思想を意次もまた身にまとっており、その「正道」意識から、「無体」に百姓から収奪することは「無道」の行いなのである。そこには高虎の、あずかっておさめるという政道論《せいどう》に通じるものがある。

意次の「遊芸」に対する柔軟な考えも、特別視しては近世大名をみあやまる。高虎「遺訓」にも、第六条で若い者が「遊山《ゆさん》好み」するのは「御奉公の道」と矛盾すると諭しつつ、頑《かたく》なではない。遺訓末尾で、「盤の上（囲碁将棋）・数奇《すき》（茶の湯）・乱舞（風流《ふりゅう》）・能《のう》以下」も、ほどよくやるならよいとし、何事も一つのことにのめり込むのは、「御奉公のさハり」になると戒めるのである。

ただ、意次は、そうした平均的な近世的治者としての考え方をもっていたが、高虎「遺訓」のように、第九条で「孔子《こうし》之道」「日本記《にほんぎ》(紀)にて八吾妻鏡《あずまかがみ》・式條」と近世大名化を志すような思考はなく、第十九条で「仁義礼智信《じんぎれいちしん》、一もかけて八諸道成就」はむずかしいと教えるような「思想性」はなかった。一五〇〇年も前の戦場往来の武将である高虎のほうが、むしろ哲学的な人間であった。下から身をあげてきたという点では、高虎もそういう自己認識をもっており、第十八条で、自分が「小身より辛労いたし、今之身上《しんじょう》に罷成《まかりな》」ったことを述べているが、高虎の場合は他への劣等感情ではなく、達成感が表面に滲《にじ》んでいる。

「遺訓」聴聞の恒例化

意次「遺訓」には、七カ条を締めくくる末文がある。また別紙のあとに、この「遺訓」をどのようにいかすかを指示した添書《そえがき》がある。条々を厳重に守り背かないように心がけること。「人並」からはずれて世間が「そけもの」(異風者)と呼ぶような者にならないように慎しむべきこと。すべて変わったようすにならないように心がけること。ほかにもいろいろあるが、少なく認めておく。ほかのことも、「心を用」い、「人情之正道なる所」(善性の標準)をつねに考え、その心を守るようにしてもらいたい。このように意次は、儒教の性善説を大切にし、逸脱のない日々を子孫に希望していた。

できあがった家法を、意次は次のように扱うことを望んだ。これは、後継者の孫意明に対する指示である。これは私が自分で認めた「本紙」だから、ほかに「写」をつくらせ、この「本紙」は大切にしまっておくこと。毎年正月のうちのいずれかの日を「精進日」とし、その日の「半日」は引き籠り、家老・中老・家中一統を小書院か居間書院、あいていなければ小座敷で「集会」させ、「写」のほうをまわしたのちに、読み聞かせること。毎年正月の恒例にして、おこたりなく「聴聞之式」を行うこと。もちろん、以後末代まで、そのようにするように。

意次の指示は、田沼家が大名家として存続したのだから、家法として守られることになったはずである。ただ、意次は「内密案」を自分の手で清書しなかった。おそらく「そけもの」になることを警戒した憚りの気持ちからであろう。

④—田沼時代と近世の商業革命

研究史の宝暦〜天明期像

田沼意次への興味は、田沼時代、田沼の時代というとらえ方と不可分である。一つの時期・時代を象徴する人格として田沼意次は存在している。研究史もこの時期・時代について、大胆な所説を提示してきた。

史学史的にみて、新しい近世史像の提起として影響の大きかった所説は、林基『続百姓一揆《ひゃくしょういっき》の伝統』（一九七一年）におさめられている「宝暦天明《ほうりゃくてんめい》期の社会情勢」（一九六三年）である。林氏は、階級闘争史の観点から、一七八六・八七（天明六・七）年は、幕末一八六六（慶応《けいおう》二）年の「革命情勢」の「原型」の成立であると主張した。農民闘争史（百姓一揆）だけでなく、「平民《へいみん》的反対派（中核は前期プロレタリアート）」「市民的反対派（商人・職人ら）」をそれぞれに分けて検証した。そして、「支配階級の内部分裂」を論じ、「田沼政権」に対抗する白河《しらかわ》藩主松平定信《まつだいらさだのぶ》を中心とした中小藩主の「反対派」（政治的党派）形成を、盛り上がる階級闘争の力がもたらした政変ととらえる。こうした情勢のもとで、「幕府《ばくふ》の主導下に全封建《ほうけん》領主階級の対農民統一戦線の明確な結成」がなされたことを、新しい一揆禁令《きんれい》や鎮圧方式にみている。経済的には、「小商品生産の発展がマニュファクチュアの段階に到達」して、「封建的小農民の再生産がすでにまた保障されなくなっている」ことを、「土台の変化」として指摘する。林氏の宝暦・天明期論は、大小の批判をあびながら注目を集め、それまで地主《じぬし》制への関心から十八世紀前半の享保《きょうほう》期(一七一六〜三六)に大きな画期をみていた近世史は、十八世紀後半に大きな画期をみいだすようになる。

影響力のあったもう一つは佐々木潤之介氏の所説で、「土台の変化」などについて林氏を批判しながらも、もっともよく林説をいかして豪農《ごうのう》半プロ論を提起し、その延長線上に「世直《よなお》し状況」としてとらえる幕末社会論を展開した(『幕末社会論』)。佐々木氏は、宝暦〜天明期(一七五一〜八九)を維新《いしん》変革の起点として、商業高利貸資本・地主を本質とする「豪農」が広く成立し、他方に「半プロレタリアート」を生み出す、そして豪農だけが商品生産を担うのではなく、網の目のなかで小農民の小商品生産が展開する、と論じる。佐々木説の論じ方は難解な印象をあたえるが、要するに日本近世に本物のブルジョアジーは誕生せず、前期性をもつ在村型の資本に終り、その他方に工場賃金労働者、無産プロレタリアートではなく、在村滞留の雑業層(小作から日雇い)である「半プロレタリアート」が生み出され、これが維新変革の闘争主体である世直し層になったということである。

この二説は、批判・修正を生みながら、以後の近世史研究をおおいに活性化した。それは、この二説が近世史の盛衰にかかわる提起、つまり全体像への志向を強烈にもっていたからである。ことに「維新変革」への視点が明確であることが、研究上の求心力を発揮できた中心的な理由であった。

このほかにも、個々の分野の実証論文は数多くあり、それぞれにこの時期の変動の大きさや質を明らかにしている。近世の識者も現代の研究者も指摘するのは、「天明の社会危機」(深谷一九九五)というべき自然災害・社会不安・政治変動である。だが、そこで生じている新しいもの、生じた新しい事態はどういうものであるのか。林氏の「反対派」「情勢」、佐々木氏の「豪農」「半プロ」も、近世史を長い物差しではかる目でみいだされた、変容の「範疇《はんちゅう》」である。

「範疇」の抽出というより、もっと「事象」の性格という次元で、この時代の特徴をたくみにとらえている研究も少なくない。諸政策の研究も多い。それらの研究が一様に対象化しているのは、「商業」という産業分野およびそれにかかわる貨幣、運搬などの状況である。飛脚《ひきゃく》・情報というようなテーマも商業と不可分であり、民衆運動も米価と米の流通と絡み、商人と不可分である。

「農業」も、「商業」を支配する産業としてではなく、「商業」に組み敷かれる産業として、位置を変えてあらわれる。農業生産の施肥・農具などの購入比率増大、作物の販売、徳用作物の栽培・加工(商業的農業、小商品生産、農村加工業)、農村金融、村社会での非自給物資の拡大という動向は、農業の発展という論じ方でもできる。しかし、農業の自給的性格はどう変わったか、また農業と商業の関係はどう変わったかと問えば、主要な流れは商業の優勢化である。

田沼意次がかかわったすべての諸政策を、発案から効果にいたるまで解きほぐして丁寧に説明しているのは、藤田覚『田沼意次』である。藤田氏は、意次の政治を、「利益追求型の政治」(「御益《おんえき》追求」)と総括し、「幕府利益中心」(「幕益《ばくえき》追求」)の「興利《こうり》の策」「殖産興業《しょくさんこうぎょう》」政策の時代と特徴づける。さらに「民間からの興利策の献策」「請負方式の一般化」という点を指摘している。

さきに本書の序文で、広く学ばれている日本史通史（教科書）に記述される田沼時代の性格を紹介した。しかし、その細部については、表現の修正が望ましい点がある。たとえば田沼意次・意知《おきとも》親子が幕政の実権を握るというような見方は不正確である。たしかに老中《ろうじゅう》の嫡男が若年寄《わかどしより》になることに対しては、周囲に嫉視《しっし》と敵意を泡立たせ、幕権の私物化という批判を生んだであろう。意次は、慇懃《いんぎん》で丁重な性格のようでいて、こうしたことへの反発については無神経だった脇の甘さがある。だからといって、父子で幕府の実権を握ったとはいえない。意次がやったのは、父子ではなく、田沼一族で広角的に縁戚のネットワークをつくり、その力で政治の影響力を強化しようとしたことである。弟意誠《おきのぶ》や子どもや娘・孫などが御三卿《ごさんきょう》家や大名《だいみょう》家と奉公・姻戚関係をつくり、また田沼家の家臣《かしん》らもそれぞれにつながりを広めた。それらの総体が幕府の実権を握ることに効果を発揮した。男子はもちろん、女子もまた、このネットワークのなかの有効な布石となった。意次が権力を失ったとき、この姻戚ネットワークが崩壊した。

しかし数多くの研究の積み重ねからえられた一般的見解には、歴史の真実が反映している。通説は、田沼の政治が、商人に株仲間をつくらせ営業特権をあたえて運上《うんじょう》・冥加金《みょうがきん》を上納《じょうのう》させ、俵物《たわらもの》輸出・印旛沼《いんばぬま》干拓・蝦夷地《えぞち》開発・銅座《どうざ》設置・米切手《こめきって》改印《あらためいん》など重商《じゅうしょう》主義的な殖産専売《せんばい》政策が特徴だったことを証明している。「重商主義的」というような表現に煮つめられる政治とは、どういう社会状態を土台にするものなのか。またどういう歴史的方向性をもつものなのか。本書は、田沼時代の画期性について、先行研究が蓄積したさまざまな評価、革命情勢の原型、豪農半プロ範疇の成立、幕益中心の殖産興業策などの所説をいかし、それをさらに半歩進めたところに田沼時代の「定義」を試みたい。

商業革命の田沼時代

商業資本に経済政策の軸足をおき、「重商主義的」と呼ばれる田沼時代を、近世史のなかでどう位置づければよいか。本書は、あえて「商業革命」という用語を使って時代の特徴を明確にしたい。

「産業革命《さんぎょうかくめい》」という歴史用語がある。この用語は、「市民革命」のような政権転覆の闘争ではなく、経済の変化が「革命的」に大きかったことを示すために使われる。「工場制機械工業」の進展により、「資本賃労働関係」が支える「資本主義経済」が支配的となる「画期」を意味するが、日本の明治中期、一八八〇年代の綿糸紡績《めんしぼうせき》・製糸業勃興から同世紀末あるいは一九〇七(明治四十)年ごろまでの経済過程をさす。日本では二〇年間ほどだが、産業革命を最初に経験したイギリスでは、一七六〇年代から一八三〇年代まで八〇年間もの長い期間をさしていわれる。また産業革命は、政府、つまり国家の関与が当然のようにあらわれ、日本では政府主導の富国強兵《ふこくきょうへい》・殖産興業政策が欧米以上の強さで民間を牽引した。もとより民間に移しかえられるだけの社会の基礎力がなければ不可能である。だが、政商《せいしょう》という言葉があるように、政府との癒着による急成長がしばしばみられた。つまり、上からの革命とか下からの革命とかではなく、産業革命では、経済構造の変化がもっとも重要な要件なのである。そして、この革命はマクロの視野でみれば国民国家を生み出し、対外競争力を強め、生活様式の向上をもたらしたが、細かくみれば、多数の「革命の犠牲者」を生み出した。農業経営で敗北した者は、没落としての離農・賃労働者化を体験した。

すでに近世のなかで、農業は商業に組み敷かれる産業になり、農業の発展のような事象も、自給性の減少という角度からみると商業の優勢化の現れであった。江戸《えど》時代が農業の時代だったということのなかには、農業の商業化が含まれる。

津《つ》藩の『宗国史《そうこくし》』に、十八世紀前半の世相を観察した記事がある。それによると、奉公人《ほうこうにん》の給金が先年は男一人が一両二分《ぶ》くらい、女一人が一両一分くらいであったのに、近年は男一人が二両二、三分から三両くらい、女一人が二両二、三分くらい、つまり二倍以上に上昇した。それでは、農業が活気を呈しているのかといえば、田畠が三十五、六年前は良田だと一反一〇両余で売買されたのに、近年は質物にさえとらないところが多い。先年七、八両ほどだった田地を、近年は只でももらってくれる者がおらず、金子をそえてもらってもらうありさまである。それでももらってくれない場合もあると聞く。先年「元金《がんきん》返し」の約束で売買した土地を、近年は元金で戻したいと申し入れても受け取らない。

これは、「石盛《こくもり》」が高いために作り損になるからだと数字をあげて指摘している。いずれにしても、田畠が安値になってしまって困っているところへ男女の給金が上がってしまうというのは、つまりは、農業外の奉公稼ぎの給金がよくなっているからである。農業は、季節的にでも一定程度の奉公労働力を確保しなければならない。それが逃げだす方向は、他の奉公先である。それは、武家《ぶけ》奉公ではありえない。武家奉公に躾《しつけ》を期待する向きもあるが、武士経済には給金上昇の根拠がない。将軍吉宗《よしむね》以来の経済政策は、公儀《こうぎ》財政の回復も目標だが、武士救済の観点からでていることが多い。

それでは、奉公労働力はどこへ向かうのか。鉱山採掘や魚類の粕締《かすじ》めに向かう労働力はより下層の存在である。農家奉公の階層は、遠近の商家奉公に向かったと考えざるをえない。商家奉公は農家奉公よりも高い給金、よりましな待遇を期待できる。これが商業の農業に対する優越化の一つの根拠である。

日本の「近世化」は、商業水準の高さを前提にしている。兵農分離《へいのうぶんり》制は、米を大量に販売することをともなわなければ実現できない。その実現度が、兵農分離の地域差となる。地方知行《じかたちぎょう》は、兵農分離の度合が少ない状態である。

商業は、織豊《しょくほう》期以来の「楽市《らくいち》」▲原則を継承したが、商人は住民としては家主か借家人だったから、当初は町《ちょう》支配の機構で活動を制御した。業種集団の支配機構をいかし、商人頭・商人司を頂点にした自主統制であった。貨幣鋳造、御用《ごよう》

▼**楽市**　中世の門前町《もんぜんちょう》や戦国大名領で始まった市場《いちば》での自由売買が織田信長《おだのぶなが》や豊臣秀吉《とよとみひでよし》などの強い力で実行されるようになった。独占権をもつ座《ざ》をおさえることから楽座《らくざ》ともいう。

呉服、御用絹糸、御用廻船《かいせん》、伝馬宿《てんまやど》、長距離行商《ぎょうしょう》、度量衡《どりょうこう》器具などである。
しかし、町数と商人の増加が進むと、業種の長の数が不足となり、商取引は商人組織を超えて拡大した。成長する商人は町共同体を超え、三都・長崎・出身地に複数の拠点をもつイエ形態の協業体をこしらえた。貨幣も鋳造は商人の請負であり、かつ秤量《しょうりょう》貨幣を含む三貨制度が、通貨交換業務を不可欠にした。そのため両替・為替《かわせ》の業者が三都と城下町《じょうかまち》に広がり、新しい商業勢力になった。

初期の豪商《ごうしょう》は、しだいに力を失った。金座《きんざ》・銀座《ぎんざ》は金銀の産出量が激減したために、呉服商人は海禁《かいきん》政策と国内産増加のために勢いがなくなった。これに対して、大坂・江戸の新興問屋《といや》層、集荷流通業の檜垣《ひがき》廻船積仲間《なかま》(十組《とくみ》問屋)▲が、旧来の廻船問屋の圧力を破って、仲間結成に成功した。この勢力交代を公儀が黙認したのは、大名貸し▲や献上額で新業界が上回ったからである。楽市原則の公儀は、盗品や情報を扱う業種のほかは仲間の申合せを禁じたが、同業者がつくりだす組織は、その経済力に公儀・藩が依存したから黙認せざるをえなかった。古い商人も旧来の利権を守ろうとし、双方の揉合《もみあ》いが収賄のもとになった。

商人は、業種・領域、また近江《おうみ》商人や伊勢《いせ》商人などの一族同族別に、各種の

▼**檜垣廻船積仲間(十組問屋)**
上方《かみがた》・江戸間の海運の主力として木綿・紙・醤油などを運搬。上方から始まったが、十七世紀末に江戸十組問屋が生まれた。のち腐りやすい酒を運ぶ樽廻船が分かれた。

▼**大名貸し**　大坂・京都・江戸など幕府直轄地の有力商人が諸国の大名(藩)に対して行う金融。城下町の有力商人も大名に融資するが、御用金を上納する形式で行われる。

協同組織を形成して既得権の確保、地歩の拡張のために苦心を重ね、その組織力を個々の領主が統御することはできなくなった。十七世紀末からの元禄《げんろく》年間(一六八八〜一七〇四)には、商業界は武士の存立を左右する力をもつようになった。そして十八世紀にはいって享保年間(一七一六〜三六)、吉宗政権のときには、公儀・諸藩の存立も含めて支配・被支配すべての身分が、商業行為をぬきにしては生存できなくなった。貸金・借金の金公事《かねくじ》の数が、飛躍的に増加した。武士も、借金生活に陥った。

十組問屋仲間は一六九四(元禄七)年に結成されたが、これは大坂からの下り荷物が増加したことにともなう海難増加に協同で対処するためであり、流通業が商業のなかで比重を増したからであった。商業の肥大化は、民間社会の肥大化であった。公儀の難題は、米を売る以外に収入の道がない武士家計の貧困化であった。越後屋《えちごや》▲のような、広域に拠点をもち、店先《たなさき》で現銀売りを行う商家の登場に対して、幕藩体制は、商業統御の能力を十八世紀初めに失った。

「楽市主義」は通用しなくなった。吉宗政権は、新興の商人に株仲間を結成させた。吉宗は、江戸の両替商に一七一八(享保三)年に株仲間を結成させ、通貨

▼**越後屋**　一六七三(延宝《えんぽう》元)年、伊勢商人の三井高利《みついたかとし》が江戸本町《ほんちょう》に呉服店「越後屋」を開業、のち駿河《するが》町に移った。店先販売・正札《しょうふだ》販売・切売りなどの新商法を打ち出した。

交換の不統一を解決しようとした。物価安定のために、株仲間を結ばせて競争をおさえ、新規な物品の製造販売をとめた。大坂堂嶋《どうじま》の米仲買にも、米価調節のために株仲間を結成させた。しかし、米市場の制御は困難で、一七二五(享保十)年から大坂堂嶋に米相場会所《こめそうばかいしょ》を設けようとして、失敗に終った。

　こうして幕府と商業資本の関係は深まったが、公儀はなお商業活動の統御を目的にした。新田開発・本年貢《ほんねんぐ》収入増加という、重農《じゅうのう》主義的な政策も、「町人《ちょうにん》請負新田《うけおいしんでん》」▲で知られるように都市資本が動かなければ不可能であり、その利息的部分が小作料《こさくりょう》の形で商人に還付された。公儀は、菜種《なたね》・唐胡麻《からごま》栽培など商品作物栽培を勧めつつ、それを江戸の商人に集荷独占させている。

　農村政策も、定免《じょうめん》制▲による増徴、土地兼併《けんぺい》の進行は百姓世界を割《さ》き、農民の抵抗を大きくしながら、農業活動の全体が商業性を強めていった。商業的農業については、数多くの研究がある。そもそも近世小農は、農耕に諸稼ぎを組み合わせてはじめて自立できる経営であり、両面を組み合わせて小家族総出で働くのが「百姓成立《なりたち》」の実相であった。しかし、諸稼ぎ部分は徳用作物の栽培、原料・加工の小商品生産の分厚い流れとなり、各地に特産物地帯を生んだ。生産

▼**町人請負新田**　多大な労働力と工期が必要な用水路・貯水池整備や干拓などの基盤事業に町人(商人)の民間資本を活用して行う開発方法。享保の改革以後は新田開発の主流になった。

▼**定免制**　年ごとに年貢を決める検見法《けみほう》は、領主の収入が安定しないので、何年間かの収穫高の平均で年貢率を決めた。諸藩でも行われたが、幕府では享保の改革で取り入れられた。

株仲間の株札　一八一三(文化十)年十二月の絹糸仲組《なかぐみ》丹波屋七郎兵衛の株札。

者の自由取引が盛んとなり、仲買商人・都市商人の流通ルートが形成された。

こうして、生産・流通の規模を膨張させ、商業の浸潤濃度をあげ、社会問題を抱え込む民間社会の肥大化に圧されながら、領主の商業政策への関与がかえって社会の商業化を進め、相乗的に増幅していくという現象が起こった。この状況が、田沼時代の「商業革命」である。華美や奢侈《しゃし》の禁制は田沼時代も変わらないが、そうした欲求を引きだす商品生産を推進したのも、政治であった。商業を組織し国産化政策を強めることは、田沼時代に始まったのではなく、享保改革を継承したものであった。新興問屋商人層の株仲間結成は、綿実《めんじつ》問屋株仲間、油問屋株仲間、在方《ざいかた》油稼《かせぎ》株仲間、綿屋株仲間、綿買継積《かいつぎづみ》問屋株仲間、繰《くり》綿延《わたのべ》売買会所、樽《たる》廻船問屋株仲間、檜垣廻船問屋株仲間、明礬《みょうばん》会所増設、朝鮮人参《にんじん》座《ざ》、銅《どう》座、竜脳《りゅうのう》座、鉄《てつ》座、真鍮《しんちゅう》座、俵物長崎会所集荷など、広範におよんだ。

領民の減少を防ぎ金銀を取り込むために、「国益」政策を実行する藩が多かった。財政改革をめざす藩政改革が、全国的な殖産専売競争という経済活動を現出させた。芽生えていた特産物生産を編成するだけでなく、特産物導入政策によって火の気のないところへ火をつけることも各地で行われた。そうしたなかで、減免要求ではない反専売の百姓一揆や流通統制反対の訴願運動が起こるようにもなった。生活水準は上昇したが、「商業革命の犠牲者」もふえていった。

公儀も藩も、同じ方向に進んだ。殖産政策では、献策を用い下から人材を抜擢した。田沼意次も、下から能力を検証されて昇進した人物であり、蝦夷地開発・鉱山振興などの殖産策は民間の献策をいかして政策化している。意次は、町医師田村藍水《たむららんすい》▲に、オランダの薬草・野菜、更紗《さらさ》、ジャガタラ菜の国産化や、羅紗の原料をとる綿羊《めんよう》飼育を試みさせた。白砂糖の国産化計画も、吉宗以来だったが、それをさらに武蔵《むさし》の名主《なぬし》池上幸豊《いけがみゆきとよ》▲の企画をいかして具体化させた。

民間の献策が用いられるのは、民間に起業化の意欲が充満していることである。企画、資金、技術、労働力の組織、管理・運営を商業世界の側で行うのが請負事業だが、これは民間社会が時代の主導力をもつことであった。こうして時代の「商業化」は、政治と呼応しながら加速した。「公儀専売制」は、一見公儀の強大さを印象づけるが、基底には簇生してくる商人がある。商業勢力の請負競争と抵抗、諸藩の公儀不信、公儀役人と商人との許認可と接待・収賄が構造

▼**田村藍水**　一七一八～七六年。江戸生まれの町医者で、薬用朝鮮種人参研究で注目され、幕府医官に登用された。弟子の平賀源内《ひらがげんない》の提唱で江戸湯島《ゆしま》ではじめて物産会《ぶっさんかい》を開いた。

▼**池上幸豊**　一七一八～九八年。武蔵国橘樹《たちばな》郡大師河原《だいしかわら》村名主。池上新田の開拓事業を推進。幕府の砂糖国産化政策に協力。果樹・人参栽培、製塩、養魚など広く手がけた。

▼**運上・冥加金**　商工業者に対して一定額が決められた営業税。冥加は、営業や株仲間の許可に対して恩恵を感謝し自主的におさめる奉納金。実際には、混同されて用いられた。

化し、それが盛んな世相のなかで、かえって田沼の政治への反感が増幅した。

田沼の株仲間政策は、吉宗の統制策とは違い、運上・冥加金▲の徴収によって幕府財政を補塡しようとするものであった。収益をめざせば、そこに逸脱的な境目が生まれる。上納金の業種が遊女屋《ゆうじょや》にまでおよんだことを批判する世間は、遊郭《ゆうかく》の存在を容認する感情とは次元の違うものであった。

武士経済を立てなおす意図は一緒でも、田沼の公儀・幕臣《ばくしん》中心の興利策は、諸藩の抵抗を引きだし、商人の抵抗を引きだした。公儀は、米切手の流通円滑化のために、一七八三(天明三)年米切手改印制を実施し、御用呉服師の改印を条件とさせた。しかし諸藩は、大坂豪商からの金融の途を狭められて困惑し、抵抗した。翌年、政策は廃止された。公儀は買米資金として大坂商人に巨額の御用金を課したが、商人は抵抗して金融を停滞させ、一年もたたずに撤回された。

両替商役金制では、金座を救済するために両替商に役金を課して強い抵抗を受け、寛政《かんせい》の改革《かいかく》で廃止となった。一七八五(天明五)年の大坂豪商に対する御用金令も抵抗を受けたが、政策の拙速・不能を象徴したのは翌八六(同六)年の

南鐐《なんりょう》二《に》朱銀《しゅぎん》の表面（左）**と裏面**　南鐐二朱銀は一七七二（安永元）年に発行。南鐐とは上質な銀（純度九七・八一％）のことで、八枚をもって小判一両と交換すると明示された、定量の計数銀貨。

全国御用金令であった。公儀は幕府財政と大名財政への貢献という一石二鳥を意図したが、大名は領地支配への介入をきらい、また商人層からは貸渋りの抵抗を受けた。それらは社会運動として顕在化したのではないが、社会的な営みのなかにあらわれた抵抗であり、公儀はそうした底深い抵抗を破ることはできなかった。

民間の献策と請負で金融を管理し利益をえることも策された。一七六八（明《めい》和《わ》五）年、家質奥印《かじちおくいん》差配所《さはいしょ》が大坂に設けられ、家屋敷担保の金銀貸借証文に差配所の奥印、貸借双方の手数料を義務づけた。要するに差配所運営の請負商人に世話料がはいり、幕府に冥加金を上納するもので、立案は江戸商人、実行は大坂商人であった。結果は打ちこわしを引き起こし、八年後には廃止された。

官僚制と人格的影響

田沼意次について、当時も今も、本人も周囲も、すべてが一致する評価がある。それは、将軍家重《いえしげ》・家治《いえはる》二代にわたる「恩顧《おんこ》」の者であったという点である。八代吉宗の引立てもいれてよい。意次は、世子《せいし》家重に仕える西丸《にしのまる》小姓《こしょう》に任じられたが、家重が将軍になる以前に一九歳で従五位下主殿頭《じゅごいのげとのものかみ》に叙任された。旗本《はたもと》の最高位、大名並である。この栄達には、吉宗の恩寵《おんちょう》がなければならない。

意次は、将軍家治の死とともに失脚した。重病になってから、家治の意次に対するこれまでになかった「御不興《ごふきょう》」が伝えられ、臨終に臨むことも許されないまま、辞任せざるをえなくなった。この間の微妙な経緯に諸書の関心は向いているが、大事なのは、大きな権力を握ってきた意次の進退を、将軍の「御機嫌」で左右できる、近世政治における「人格的影響」の比重の大きさである。

意次自身が、誰よりも「人格的影響」の意義を知っており、最大限にそれをいかした。婚姻や血縁者の権勢家への奉公などで、権力の網の目をつくった。田沼家と縁戚を結んだ諸家も、そうした関係の効果を知っていた。意次失脚とともに絶縁しようとする動きは、「人格的影響」の領域の大きさを逆証している。

それでは、近世政治は、そうした「人格的影響」の力だけが物事を進めていく動因だったのかといえば、研究史は、それを否定している。かりに「領主制」の理解に立ってみても、「法制的支配」は確実に伸張していた。吉宗政権から始まる『御触書集成《おふれがきしゅうせい》』▲編纂、同政権が計画した庶民適用の基本法典『公事方御定《くじかたおさだめ》

▼**『御触書集成』**　『公事方御定書』の編纂にあわせ、幕府創設以来の御触書を集めて編纂。編纂開始年により「寛保《かんぽう》集成」「宝暦集成」「天明集成」「天保《てんぽう》集成」と呼ぶ。呼称は後年つけられた。

書《がき》▲』などは、その象徴である。また社会的に容認される「実力行使」は、無礼打《ぶれいう》ち・敵討《かたきうち》などいくつかの分野で残っているが、その認定調べは厳密になり、百姓一揆の頭取《とうどり》が処刑されることが当然のようになった。ただ、民衆運動は、供《く》養《よう》の持続や伝承によって「義民《ぎみん》」創造を行うことで、民衆社会の内部での容認される実力行使という性格は持続した。しかし、確実に法制的支配は進んだ。

法制的支配とは、いいかえれば法度《はっと》による支配であるが、それは組織的な支配であるということもできる。つまり、法度や制度や機構によって支配を行うことが進行していったのが、近世政治であった。こうした動きとあわせて、「役料」「役高」などを「官僚」化の例証として近世官僚制を承認する意見も幅広くある。近世史の官僚制論を先駆的に主張してきたのは藤井譲治氏である（藤井一九八五）。近世武士を官僚とみる記述は広くみられる。藤田覚氏も、『田沼意次』に意次を「幕府の役人」「役人的慇懃さ」と書いている、「役人」は、「戦士」ではなく「官僚」と同義である。意次は、江戸城最高の地位にいる慇懃で才能豊かな「役人」すなわち「高級官僚」だったということである。

「人格的影響」をいかす立場と、「法制的運営」を重視する立場とは矛盾しあう。

▼**『公事方御定書』** 八代将軍徳川吉宗のもとで作成された幕府の基本法典。上下巻の二巻からなり、上巻に基本法令、下巻に刑事法令と判例を収録。下巻が「御定書百箇条」と呼ばれる。

田沼意次は人の関係を重視する政治へ向かった。他方では田沼意次は組織の決まり事を重視する政治へ向かった。どちらが優勢だったのかということよりも、二つがどういう関係にあるのかを深めることが求められる。

官僚制というと、近代国家の法治イメージを浮かべるが、東アジアの前近代官僚制国家は法治をみようとすると人格的影響の強さが立ちあらわれて「人《じん》治《ち》」のイメージにつながり、官僚制自体への疑いになる。では無法の体制なのかといえば、すぐさま律令《りつりょう》制の法支配の蓄積がみえてくる。結局、東アジアの官僚制は「科挙《かきょ》」という登用試験が行われるかどうかで証明されるということになり、官僚制的な支配の実際に関心が向かない。

近世日本は、世襲《せしゅう》家禄《かろく》制の武士身分から供給される「武士官僚制」の支配の仕組みをつくっており、官僚制化が進むにつれ、役料・役高の支給が広まる。官僚制化をうながす動因は、解決しがたい問題がふえてくる「民政」課題であった。

ところが、江戸城政治家の最高の位置を占めた田沼意次にしても、最終的にその権威をうしろから支えているのは、将軍や縁戚の力であり、大奥《おおおく》の力も類似の性格をもつ後押しの力であった。意次は、最高の位置にはいるが、むしろ典型的な近世官僚の象徴のような人物である。前近代は、民主制ではなく、君《くん》主《しゅ》制である。近代以降も君主制は続くところがあるが、それは前近代からの持越しであり、近代であるがゆえに登場したものではない。君主制では、権威の最終の担保は、君主の意思である。前近代では、科挙制でも家禄制でも、君主制と組み合わさった官僚制である。君主制は、根本において「人格的依存」にまでいたる「人格的影響」をまぬがれることはできない。

しかし、静止しているのではない。神威《しんい》から法威《ほうい》への優越関係の変化はゆっくりとだが確実に進んでいる。つまり法制的支配が大きくなり、支配は官僚制的なものとなっていく。ところが前近代の官僚は、その力の保持を法制化によってだけではなく、君主制的な人格的関係に頼ろうとする。これが一見、政治経済的には時代の先端を担いながら、君寵《くんちょう》を頼む権力者が生じる理由である。

それは、江戸城政治だけではない。諸藩においても官僚制的な勢力が献策をいかす公論《こうろん》尊重の改革を進めながら、逆に藩主を押し上げ、その権威の後ろ楯を頼む現象がみられる。新しい公論型の官僚あるいは官僚群が、積極的な政策に挑み「旧弊」を乗り越えようとするとき、かえって主君の信頼・恩寵を大きくみせ、その政策実行が「上《かみ》」の意向であることを強調して抵抗勢力を押しのけていく政治になる。田沼時代における家重・家治と意次の関係も、そのような面があり、かつそれが過剰であった。近世では、提案者は、しばしば「神君《しんくん》」「先君《せんくん》」の「御意《ぎょい》」にかなっていることをあげることで正当性を主張した。

前例を挙証とする法制的支配に対して、人格的影響のほうは、個々の道理意識にまかされる。意次も「無道《むどう》」を排し「正道《せいどう》」を求める(「遺訓《いくん》」)ことを自分に課していたが、人格的依存の過剰さには気づかなかった。その過剰な部分に対して、敵意を強める向きも少なくなかった。そしてこうした新しい、あるいは積極的な改革の正当性を「上意《じょうい》」の形で押し出すのは、実は明治維新の実現のされ方(公論型官僚制と上意尊重の同居)を予兆するものでもあった。

写真所蔵・提供者一覧(敬称略, 五十音順)

上杉神社　　p. 63
大阪商業大学商業史博物館　　p. 86
財団法人徳川記念財団　　p. 11上, 16, 62
四天王寺・京都国立博物館　　p. 66
聖心女子大学図書館・牧之原市相良史料館　　p. 47
田沼道雄・牧之原市相良史料館　　p. 53
鎮國守國神社　　p. 6
東京国立博物館・Image：TNM Image Archives　　p. 21
長崎歴史文化博物館　　カバー表
日本銀行金融研究所貨幣博物館　　p. 89
船橋市西図書館　　扉
牧之原市相良史料館　　カバー裏, p. 2, 11下

参考文献

青木美智男ほか編『一揆２　一揆の歴史』東京大学出版会, 1981年
大石慎三郎『幕藩制の転換』(日本の歴史第20巻)小学館, 1975年
大石慎三郎『田沼意次の時代』岩波書店, 1991年(2001年, 岩波現代文庫)
賀川隆行『江戸幕府御用金の研究』法政大学出版局, 2002年
菊池勇夫『飢饉の社会史』校倉書房, 1994年
菊池勇夫『飢饉から読む近世社会』校倉書房, 2003年
北島正元『日本の歴史18　幕藩制の苦悶』中央公論社, 1996年
斎藤善之『尾州内海船と幕藩制市場の解体』柏書房, 1994年
相良町編『相良町史　資料編　近世(1)』相良町, 1991年
佐々木潤之介『幕末社会論』塙書房, 1969年
佐々木潤之介『江戸時代論』吉川弘文館, 2005年
渋沢栄一『楽翁公伝』岩波書店, 1937年
竹内誠『大系　日本の歴史10　江戸と大坂』小学館, 1989年
竹内誠『寛政改革の研究』吉川弘文館, 2009年
辻善之助『田沼時代』岩波書店, 1980年(原著は1915年, 日本学術普及会発行)
辻達也『徳川吉宗』吉川弘文館, 1958年
中井信彦『転換期幕藩制の研究』塙書房, 1971年
芳賀徹『平賀源内』朝日新聞社, 1981年
林基a『続百姓一揆の伝統』新評論, 1971年
林基b『国民の歴史16　享保と寛政』文英堂, 1971年
深井雅海『徳川将軍政治権力の研究』吉川弘文館, 1991年
深谷克己『増補改訂版　百姓一揆の歴史的構造』校倉書房, 1986年
深谷克己『百姓成立』校倉書房, 1993年
深谷克己『近世の国家・社会と天皇』校倉書房, 1991年
深谷克己「一八世紀後半の日本――予感される近代」『岩波講座　日本通史　14巻　近世４』岩波書店, 1995年
深谷克己『近世人の研究』名著刊行会, 2003年
深谷克己・川鍋定男『江戸時代の諸稼ぎ』農山漁村文化協会, 1988年
藤井譲治「幕藩官僚制論」『講座　日本歴史５　近世１』東京大学出版会, 1985年
藤田覚『松平定信』中央公論社, 1993年
藤田覚『田沼意次』ミネルヴァ書房, 2007年
保坂智『百姓一揆と義民の研究』吉川弘文館, 2006年
北海道編『新北海道史』第７巻, 北海道, 1969年
藪田貫『国訴と百姓一揆の研究』校倉書房, 1992年
山口啓二『鎖国と開国』岩波書店, 1993年
山口啓二・佐々木潤之介『体系　日本歴史４　幕藩体制』日本評論社, 1971年
山田忠雄『一揆打毀しの運動構造』校倉書房, 1984年
山田忠雄『田沼意次縦遊』校倉書房, 2003年

			奏者番
1783	天明3	65	***7***- 浅間山噴火，諸国大飢饉。***11***- 意知，若年寄拝命
1784	4	66	***3***- 意知，江戸城中で佐野善左衛門政言に斬られ死去。***5***- 蝦夷地政策につき勘定奉行松本秀持に指示。***6***- 孫意明を相続者に許可
1785	5	67	***1***- 加増で5万7000石に。***2***- 蝦夷地調査団出発。***12***- 大坂豪商に御用金
1786	6	68	***6***- 全国に御用金。***7***- 関東大洪水。***8-25*** 家治死去。***8-27*** 病気理由に老中を辞職。江戸城雁の間詰。印旛沼干拓工事中止。閏***10***- 2万石没収，神田橋上屋敷と大坂蔵屋敷返上，謹慎。***12***- 謹慎解除
1787	7	69	***1***- 登城，家斉に拝賀。***5-20*** 江戸・大坂などで打ちこわし。***6***- 松平定信，老中拝命，寛政の改革開始。***9-9*** 相良藩士に説諭。***10-2*** 2万7000石没収，隠居，謹慎。相続者意明に1万石安堵。相良城没収
1788	8	70	***7-24*** 江戸で死去。駒込勝林寺に埋葬(院号耆山良英隆興院)

田沼意次とその時代

西暦	年号	齢	おもな事項
1719	享保4	1	*7*- 意次誕生(龍助)。父田沼意行・母田代高近養女
1732	17	14	*7*- 8代将軍吉宗，初お目見えの意次に田沼家相続を許可
1734	19	16	*3*- 将軍世子家重付き西丸小姓拝命(蔵米300俵)
1735	20	17	*3*- 田沼家相続(前年父意行死去)，知行600石
1737	元文2	19	*12*- 従五位下主殿頭に叙任
1745	延享2	27	*9*- 家重9代将軍就職につき，意次本丸小姓拝命
1746	3	28	*7*- 小姓頭取に昇任。年100両手当。*9*- 田安家・一橋家創設
1747	4	29	*9*- 御用取次見習，足高1400俵。在職中2000石。小姓組番頭格
1748	寛延元	30	閏*10*- 小姓組番頭，御用取次見習兼務。1400石加増で2000石
1751	宝暦元	33	*7*- 御用取次拝命
1754	4	36	*8*- 美濃国郡上藩領減免強訴・越訴
1755	5	37	*9*- 5000石に加増
1758	8	40	*3*- 郡上藩領民江戸越訴。*9*- 5000石加増で1万石の大名。郡上藩一揆審理のため評定所出席受命。呉服橋御門内に屋敷拝領。若年寄本多忠央・老中本多正珍罷免。*11*- 遠江国相良に領地安堵。*12*- 郡上藩主金森頼錦改易
1760	10	42	*4*- 10代将軍家治の御用取次に留任
1762	12	44	*2*- 1万5000石に加増
1765	明和2	47	*4*- 家康150回忌日光東照宮法要に参列。*9*- 5匁銀・鉄銭鋳造
1767	4	49	*7*- 側用人拝命。従四位下叙位。2万石に加増。遠江国相良に築城許可。神田橋御門内に屋敷拝領。*12*- 大坂で家質奥印差配所
1769	6	51	*8*- 2万5000石に加増。侍従叙任。側用人兼務の老中格
1772	安永元	54	*2*- 屋敷類焼で公儀拝借金1万両。*5*- 5000石加増で3万石。老中就任(兼側用人)。*9*- 南鐐二朱銀発行
1776	5	58	*4*- 家治の日光社参に供奉。*11*- 平賀源内,エレキテル完成
1777	6	59	*4*- 7000石加増で3万7000石。*9*- 一揆禁止令高札掲示。*11*- 家治の小松川筋お成りに随行
1778	7	60	*1*- 世子家基の千住筋お成りに随行。*6*- ロシア船，蝦夷地に渡来し通商要求。*7*- 甥田沼意敦,一橋家家老。*11*- 家治の本所筋お成りに随行。*11*- 下屋敷拝領
1779	8	61	*4*- 世子家基の葬儀。*8*- 将軍家治の大川筋お成りに随行。この年，相良城本丸二重櫓完成
1780	9	62	*4*- 相良城に入城。*8*- 大坂に鉄座。江戸・京・大坂に真鍮座
1781	天明元	63	*4*- 家治養子の選定を受命。*7*- 1万石加増で4万7000石。*8*- 絹糸貫目改所反対の打ちこわしで設置撤回。*12*- 意知，

深谷克己（ふかや　かつみ）
1939年生まれ
早稲田大学大学院文学研究科史学（日本史）専攻博士課程修了
文学博士（早稲田大学）
専攻，日本近世史
現在，早稲田大学名誉教授
主要著書
『近世人の研究』（名著刊行会2003）
『深谷克己近世史論集』全６巻（校倉書房2009～2010）
『東アジア法文明圏の中の日本史』（岩波書店2012）
『死者のはたらきと江戸時代』（吉川弘文館2013）
『民間社会の天と神仏』（敬文舍2015）

日本史リブレット人 052

田沼意次《たぬまおきつぐ》

「商業革命」と江戸城政治家

2010年11月20日　1版1刷　発行
2021年9月5日　1版3刷　発行

著者：深谷克己《ふかやかつみ》

発行者：野澤武史

発行所：株式会社 山川出版社

〒101－0047　東京都千代田区内神田1－13－13
電話　03(3293)8131（営業）
　　　03(3293)8135（編集）
https://www.yamakawa.co.jp/
振替　00120-9-43993

印刷所：明和印刷株式会社

製本所：株式会社 ブロケード

装幀：菊地信義

Printed in Japan ISBN 978-4-634-54852-7

日本史リブレット 人

1 卑弥呼と台与―仁藤敦史
2 倭の五王―森　公章
3 蘇我大臣家―佐藤長門
4 聖徳太子―大平　聡
5 天智天皇―須原祥二
6 天武天皇と持統天皇―義江明子
7 聖武天皇―寺崎保広
8 行基―鈴木景二
9 藤原不比等―坂上康俊
10 大伴家持―鐘江宏之
11 桓武天皇―西本昌弘
12 空海―曾根正人
13 円仁と円珍―平野卓治
14 菅原道真―大隅清陽
15 藤原良房―今　正秀
16 宇多天皇と醍醐天皇―川尻秋生
17 平将門と藤原純友―下向井龍彦
18 源信と空也―新川登亀男
19 藤原道長―大津　透
20 清少納言と紫式部―丸山裕美子
21 後三条天皇―美川　圭
22 源義家―野口　実
23 奥州藤原三代―斉藤利男
24 後白河上皇―遠藤基郎
25 平清盛―上杉和彦
26 源頼朝―高橋典幸
27 重源と栄西―久野修義
28 法然―平　雅行
29 北条時政と北条政子―関　幸彦
30 藤原定家―五味文彦
31 後鳥羽上皇―杉橋隆夫
32 北条泰時―三田武繁
33 日蓮と一遍―佐々木馨
34 北条時宗と安達泰盛―福島金治
35 北条高時と金沢貞顕―永井　晋
36 足利尊氏と足利直義―山家浩樹
37 後醍醐天皇―本郷和人
38 北畠親房と今川了俊―近藤成一
39 足利義満―伊藤喜良
40 足利義政と日野富子―田端泰子
41 蓮如―神田千里
42 北条早雲―池上裕子
43 武田信玄と毛利元就―鴨川達夫
44 フランシスコ＝ザビエル―浅見雅一
45 織田信長―藤田達生
46 徳川家康―藤井讓治
47 後水尾院と東福門院―山口和夫
48 徳川光圀―鈴木暎一
49 徳川綱吉―福田千鶴
50 渋川春海―林　淳
51 徳川吉宗―大石　学
52 田沼意次―深谷克己
53 遠山景元―藤田　覚
54 酒井抱一―玉蟲敏子
55 葛飾北斎―大久保純一
56 塙保己一―高埜利彦
57 伊能忠敬―星埜由尚
58 近藤重蔵と近藤富蔵―谷本晃久
59 二宮尊徳―舟橋明宏
60 平田篤胤と佐藤信淵―小野　将
61 大原幽学と飯岡助五郎―高橋　敏
62 ケンペルとシーボルト―松井洋子
63 小林一茶―青木美智男
64 鶴屋南北―諏訪春雄
65 中山みき―小澤　浩
66 勝小吉と勝海舟―大口勇次郎
67 坂本龍馬―井上　勲
68 土方歳三と榎本武揚―宮地正人
69 徳川慶喜―松尾正人
70 木戸孝允―一坂太郎
71 西郷隆盛―德永和喜
72 大久保利通―佐々木克
73 明治天皇と昭憲皇太后―佐々木隆
74 岩倉具視―坂本一登
75 後藤象二郎―村瀬信一
76 福澤諭吉と大隈重信―池田勇太
77 伊藤博文と山県有朋―西川　誠
78 井上馨―神山恒雄
79 河野広中と田中正造―田崎公司
80 尚泰―川畑　恵
81 森有礼と内村鑑三―狐塚裕子
82 重野安繹と久米邦武―松沢裕作
83 徳富蘇峰―中野目徹
84 岡倉天心と大川周明―塩出浩之
85 渋沢栄一―井上　潤
86 三野村利左衛門と益田孝―森田貴子
87 ボアソナード―池田眞朗
88 島地黙雷―山口輝臣
89 児玉源太郎―大澤博明
90 西園寺公望―永井　和
91 桂太郎と森鷗外―荒木康彦
92 高峰譲吉と豊田佐吉―鈴木　淳
93 平塚らいてう―差波亜紀子
94 原敬―季武嘉也
95 美濃部達吉と吉野作造―古川江里子
96 斎藤実―小林和幸
97 田中義一―加藤陽子
98 松岡洋右―田浦雅徳
99 溥儀―塚瀬　進
100 東条英機―古川隆久

〈白ヌキ数字は既刊〉